Angela Meyer-Barg
Switch

Angela Meyer-Barg

SWITCH

Das Leben ändern

Zwölf Begegnungen

Zwölf Beispiele

Mit Fotografien von Dennis Williamson,
Michael Hagedorn, Britta Kunft u.a.

KJM Buchverlag

1. Auflage, März 2021

Simrockstr. 9a, 22587 Hamburg
www.kjm-buchverlag.de
ISBN 978-3-96194-135-3

Herstellung und Gestaltung: Eberhard Delius, Berlin
Cover: Rothfos & Gabler, Hamburg
Coverfotos von Dennis Williamson und Britta Kunft (Bötel)
Lektorat: Katrin Köhler, Hamburg
Druck & Bindung: Belvédère, Oosterbeek, Niederlande
Printed in Europe

Mehr zu den Büchern des KJM Buchverlags:
www.kjm-buchverlag.de

Inhalt

SWITCH – Gedanken über eine Idee und ihre Umsetzung

Zwölf Menschen, zwölf Lebensentwürfe, und jedes Mal die Frage: »Warum haben Sie Ihrem Leben eine neue Richtung gegeben?« Einige Monate sind für alle Gespräche angesetzt, aber dann wird mitten in den Recherchen unversehens die Pausentaste gedrückt, ausgelöst durch ein Virus, das das Jahr 2020 wohl für immer prägen wird. Corona. Eine Vollbremsung für das öffentliche Leben, vor allem aber für das kreative. Andererseits: Könnte es sein, dass ausgerechnet diese Pandemie meinem Projekt einen zusätzlichen Schub verleiht? Denn in den Monaten des Lockdowns brechen wohl bei jedem Fragen auf: Was muss, was soll sich ändern, sobald der Alltag wieder Fahrt aufgenommen hat? Welche Werte kommen auf den Prüfstand?

Sinnfragen, die die Menschen in diesem Buch für sich bereits beantwortet haben, mit einem »Switch« nämlich, einem Dreh hin zu neuen Ufern. Bei all meinen Begegnungen wird es um Wendepunkte gehen. Letztlich um das Lebensthema: »Was will ich wirklich?«

»Erkenne, was du bist« – so steht es auf dem Apollotempel von Delphi, eingemeißelt vor weit über 2000 Jahren. Eine Aufforderung, die alle Protagonisten auf ihre Art gedeutet haben. Manche wählen den Weg der Kunst, andere eine spirituelle Richtung, wieder andere packen auf ganz handfeste

Weise an – ziehen auf ihrem Demeterhof vom Aussterben bedrohte Tierrassen auf oder verfugen Wände mit Lehm, weil sie eine alte Handwerkskunst lebendig halten wollen. Alle möchten etwas in die Welt bringen, wollen neue Wege und andere Sichtweisen eröffnen. Der »Switch« bedeutet dabei nicht, dass jemand von heute auf morgen einen Schalter umlegt und leichthändig sein zweites Leben anknipst. Der Prozess, der die Menschen in diesem Buch auf die Spur brachte, ist oft ein Suchen, Probieren, Herantasten, bis sich herausstellt: Das ist es. Hier kann ich einbringen, was mich ausmacht, meinen inneren Schatz, das Beste in mir. Viele finden ihren ureigenen Weg jenseits der Lebensmitte, wenn sich die Frage stellt, was jetzt noch kommen mag, einige steigen früher aus vertrauten Pfaden aus. Was sie gemeinsam haben, ist die Suche nach der inneren Quelle – werde, was du bist.

Meine erste Begegnung führt mich Ende 2019 in die Hamburger Katharinen-Kirche, wo die Künstlerin Gabriele von Lutzau eine Armada von Skulpturen präsentiert – hoch aufragende Holzstelen, die mit ihren angedeuteten Flügeln an Vögel erinnern. »Seelenvögel« steht im Prospekt. Von Lutzau, geborene Dillmann, ist als »Engel von Mogadischu« eine Person der Zeitgeschichte. 1977 war sie die heldenhafte Stewardess in der von Terroristen entführten Lufthansa-Maschine »Landshut«. Nach der dramatischen Befreiung begann ihr zweites Leben als Bildhauerin. Was sie mit ihren Arbeiten bewegen will, wird sie mir an jenem Novembertag im Hamburger Kirchenschiff und einige Monate später in ihrem Haus im Odenwald erzählen.

Eine Clownin kann ich noch treffen, die in Altersheimen Momente von Freude und Unbeschwertheit auslöst, einen Unternehmer für vegane Lebensmittel, der früher als Topmanager in einem Autokonzern arbeitete, eine Äbtissin und ehemalige Hebamme, einen Biobauern und früheren Banker – dann schlägt Corona zu. Der Rahmen für meine Recherchen wird enger, Abstand ist das Gebot der Stunde.

Vielleicht ist es kein Zufall, dass meine zwölfte und letzte Reportage zu einer Frau führt, die sich nach ihren Anfängen im glitzernden Model-Business von jeder Art von Glamour abgewandt hat und eine andere Art von Licht, nämlich Zuwendung und Herzenswärme, in Heime mit demenziell Veränderten bringt. Was wird bleiben, wenn irgendwann Bilanz gezogen wird? »Die Begegnungen, die wir hatten, die Beziehungen, die wir gelebt haben«, sagt die Demenzaktivistin Sophie Rosentreter.

Was will ich wirklich? Das Leben ist zu kurz, um in Routinen zu erstarren. Und lang genug, um noch mal Neues zu probieren. Zwölf Beispiele werden in diesem Buch vorgestellt, aber natürlich gäbe es noch viel mehr.

Da ist der einst so erfolgreiche Werber Christian Aeby, der heute in seinem kleinen, feinen Laden in Hamburg-Eppendorf und auf Hamburger Wochenmärkten Brot verkauft. Lange gebacken, mit kerniger Kruste – »sein« Brot. Da ist der Fernsehmoderator Tobias Schlegl, der seine Karriere aufgibt oder zumindest für länger pausieren lässt, um sich zum Rettungssanitäter ausbilden zu lassen. Über seine Erfahrungen hat er das Buch »Schockraum« geschrieben. Oder der frühere HSV-Torwart und Elfmeter-Töter Rudi Kargus, der nach dem Ende seiner Sportlerlaufbahn bei dem berühmten Künstler Markus Lüpertz Unterricht nimmt und heute in seinem Atelier in Quickborn großformatige Bilder im Stil der Jungen Wilden malt. Nicht als Hobby, sondern als Berufung, die seine volle Konzentration erfordert. Oder der Autor, der in der Hamburger U-Bahn-Station Emilienstraße einen leer stehenden Kiosk anmietete, um den vorbeieilenden Passanten ein Gespräch anzubieten. »Das Ohr« nennt Christoph Busch seinen weltlichen Beichtstuhl für alle Konfessionen.

Selbst ein Star wie Ina Müller stellte vor vielen Jahren die Weichen neu: Wer erinnert sich noch daran, dass die Sängerin und Entertainerin mal als pharmazeutisch-technische Assistentin (PTA) in Sylter und Bremer Apotheken arbeitete? Heute füllt sie riesige Hallen und ist Gastgeberin in ihrer Talkshow »Inas Nacht«.

Was kann, was will ich wirklich? Am Ende eines Lebens ist oft von den Spuren von Liebe die Rede, die ein Mensch hinterlassen hat. Wer nach einem gemeinsamen Nenner sucht, der findet ihn genau darin: Alle zwölf Porträtierten versuchen, sinnstiftende Impulse in die Welt zu bringen. Modelle für ein besseres Miteinander, für ein erfülltes Leben – womöglich gar für eine bessere Welt. »Höre auf das, was in dir aufbrechen will«, ermutigt die Äbtissin vom Kloster Wennigsen, die früher Hebamme war. Meine Gesprächspartner haben gut hingehorcht und ihr Lebensschiff neu ausgerichtet. Sie stehen dafür, dass es sich lohnt, sich selbst auf die Spur zu kommen – Kurs Neuland!

STIHL

Gabriele von Lutzau

Der Engel mit der Kettensäge

Wie die ehemalige »Landshut«-Stewardess
sich nach dem Trauma
der Entführung als Künstlerin neu erfand

SWITCH Dem Bösen Gutes entgegensetzen

Hamburgs Katharinen-Kirche gegenüber der Hafencity ist bekannt für ungewöhnliche Aktionen. Aber so eine Ausstellung habe ich noch nie gesehen: Einen ganzen Wald von Skulpturen hat die Künstlerin Gabriele von Lutzau in das Kirchenschiff gestellt. Holz-Stelen zum Anfassen, »Seelenvögel«. Manche schlagen mit den Flügeln, recken sich trotzig empor, andere warten mit gesenktem Kopf auf das Unabänderliche. Schwarz sind sie, schmal aufragend, aber immerhin nicht allein. Genau 77 Stelen füllen den Seitengang, und diese Zahl ist nicht zufällig gewählt.

Mögen andere Künstler die Interpretation ihres Werkes gern dem Betrachter überlassen oder sich der Öffentlichkeit überhaupt entziehen – diese hier ist anders. In wattierter Daunenjacke und festem Schuhwerk streift die 65-Jährige durch ihren Vogelschwarm, geht beherzt auf Besucher zu und erläutert und erklärt. Schon der erste Telefonkontakt ist wie ein Schritt durch weit geöffnete Türen: Ob man sie interviewen und porträtieren dürfte? »Ja, gern, kommen Sie her!«

Da steht sie also im kühlen Kirchenschiff, eine mittelgroße blonde Frau, der man den hessischen Zungenschlag erst anhört, als sie später im Café sitzt und den Nordlichtern vormacht, wie echtes Babbeln klingt. Gabriele von Lutzau wird in der Kirche als Künstlerin angekündigt. Ausschließlich. Darauf legt sie Wert. Erst die Lokalzeitung wird einige Tage später die Schlagworte drucken, unter denen sie zur Zeitzeugin des RAF-Terrors wurde. »Der Engel von Mogadischu in Hamburg gelandet.« Neben dem Text das Archivfoto einer jungen Frau im Rollstuhl, herzlich begrüßt vom damaligen Bundeskanzler Helmut Schmidt. Alles 43 Jahre her. Aber kaum dass man nachhakt, steigen die Erinnerungen auf, als sei alles gestern gewesen.

Von Lutzau, geborene Dillmann, war die einzige deutsche Stewardess in der im Oktober 1977 von einem palästinensischen Terrorkommando entführten Boeing 737 »Landshut«. Sie war diejenige, die in den Momenten der Todesangst einen letzten Hilferuf absetzte, diejenige, die selbst in den bedrohlichsten Momenten der Geiselnahme die Nerven behielt. Losgelassen hat sie das Ereignis nie. Aber sie hat für sich einen Weg gefunden weiterzuleben. Wenn man so will, überwindet die frühere Geisel das Trauma des Ausgeliefertseins mit einer fast brachial erscheinenden Gestaltungswut. Als Bildhauerin gibt sie gefällten Baumstämmen und abgestorbenem Wurzelwerk ein neues Leben. Ihr Werkzeug ist die Kettensäge. Ihre Motive sind angesiedelt zwischen Vogelwesen und Flügeln, wobei sie jeden Anflug von ästhetischer Gefälligkeit streng vermeidet. »Ich kann totes Holz nicht wiederbeleben, aber ich kann ihm ein neues Leben in der Kunst geben.« Die verschiedenen Holzarten erkennt sie mittlerweile am Duft – frische Kirsche riecht nach Marzipan, frische Eibe nach Wiese, und jene Thujasträucher, aus denen sie ihren Stelenwald sägte, duften nach Menthol. Sie lächelt. Heilende Eukalyptussalbe kennt jede Frau, die so wie sie Kinder großgezogen hat.

Wir gehen gemeinsam durch das Kirchenschiff, entlang an ihren Vogelfiguren bis zum Quergang. Hier stehen die »Wächter«, geflügelte Wesen ohne Kopf, die sie aus Zwieseln

sägt, geteilten Stämmen. Jeder der Wächter hat seine Geschichte. Gabriele von Lutzau bleibt an einer weiß gegerbten Skulptur stehen, streicht zärtlich über das Holz, als wolle sie es wärmen. »Mein Goldparmänchen.« Kleine Pause, dann folgt die Erklärung: »So heißt eine alte Apfelsorte!«

Die Geschichte vom kleinen Apfelbaum ist so eine, die unbedingt zu ihr passt, weil sie beschreibt, wie die Künstlerin absterbendes Holz verwandeln kann. Stand doch das Bäumchen in Michelstadt unterhalb ihres Grundstücks, innen schon ganz morsch und hohl, und trug Jahr um Jahr tapfer Früchte, bis ein großer Sturm kam, es umzureißen. Das sind so Momente, in denen die Retterin einschreitet: »Schätzchen, ich halte den Moment fest, wo du dich dem Sturm entgegenwirfst!« Gesagt, gesägt. Aus dem gefällten Stamm entsteht eine Wächter-Skulptur.

Irgendwie steckt in der Bildhauerin auch eine resolute Mutter der Kompanie. Sind alles ihre Geschöpfe, diese Skulpturen mit den Vogelköpfen und den weit gespreizten Schwingen. Seelenvögel heißen sie nicht von ungefähr, den meisten gab sie Namen. Ganz vorn der »General«, der die Schwingen zum Victoryzeichen spreizt. Alle sind aus tiefster Seele entstanden, auch die Wächterinnen im hinteren Quergang der Katharinen-Kirche. »Wenn es mir schlecht geht, mache ich Wächter. Fühle ich mich eingesperrt, mache ich Flügel. Dann kriege ich gleich wieder Luft.« Der burschikose Ton, den sie gern anschlägt, sollte dabei nicht täuschen. Sie kennt das Gefühl, wenn in den dunkelsten Stunden jegliche Hoffnung auf Rettung verloren scheint. Sie weiß, wie sich Todesangst anfühlt.

»Wir werden jetzt sterben. Und wir werden tapfer sein«, sendet die damals 23-Jährige in ihrer letzten Nachricht aus der »Landshut«. Kurz zuvor waren die Passagiere mit Alkohol übergossen worden, damit sie besser brennen. Nicht enden wollende Pein hatten sie da schon hinter sich, unterbrochen von Momenten banger Hoffnung, in denen Ultimaten zur Freilassung von inhaftierten RAF-Terroristen gestellt und verschoben wurden. Hilflos ausgeliefert waren die 86 Passagiere – dem Sadismus der Entführer, der Hitze und Atemnot, dem Entsetzen, als der Pilot Jürgen Schumann im Mittelgang erschossen wurde. Fünf Tage und Nächte dauert der Horrortrip der kurz nach dem Start in Mallorca gekaperten »Landshut«, bis die Maschine nach Zwischenstopps in Rom, Larnaka, Dubai und Aden schließlich auf dem Rollfeld der somalischen Hauptstadt Mogadischu endgültig zum Stehen kommt. Dann das Wunder: Wenige Minuten nach Mitternacht stürmen Männer der GSG 9 das Flugzeug und erschießen drei der vier Geiselnehmer, nur eine Terroristin überlebt schwer verletzt. Der Stewardess Dillmann rollt noch eine Handgranate entgegen, die unter einem Vordersitz explodiert und deren Splitter ihre Beine verletzen. Dann endlich, in der Nacht des 18. Oktober 1977, ist der Albtraum vorbei.

Aber kann so ein Erlebnis wirklich jemals vorbei sein? »Wir fühlten uns von Gott und der Welt verlassen«, sagt Gabriele von Lutzau inmitten ihrer Geschöpfe aus hartem Holz. Wie oft sie ihre Geschichte schon erzählt hat? Egal. Jede Wiederholung hilft dabei, zu reflektieren. Außerdem sieht sie sich als Zeitzeugin. Und als Anwältin all jener Opfer, die allzu schnell vergessen sind. Für ihren besonderen Weg der Verarbeitung hat sie ein Bild gefunden: »Das Trauma fühlte sich früher an wie ein Würfel mit rasiermesserscharfen, spitzen Kanten. Der Würfel wird bleiben, aber die Kanten sind nicht mehr so scharfkantig und spitz.«

Ein Jahr nach der Rettung, in dem sie sich fühlt wie auf einer rosaroten Wolke, wird ihr Sohn Jörn Rüdiger geboren. Eine stolze Mutter ist sie, »eine Glucke!«. Und doch: Alles, was seit der Rettung passiert, wird mit der Entführung in Bezug gesetzt. Auch die Geburt eines Kindes. »Überleben und sich dann noch vermehren – mehr kann man Entführern nicht entgegensetzen!«, triumphiert Gabriele von Lutzau, die zehn Jahre darauf noch eine Tochter bekommt. Auch deren Name ein Statement: Felicitas für das Glück, Eva für das ewig Weibliche, Rebecca für Stärke.

Mit der Kettensäge die inneren Dämonen bannen

Fünf Jahre nach der Entführung, mitten in ihrem eingerichteten Leben, regt sich die Sehnsucht nach etwas Neuem. »Ich habe in mich hineingehorcht und war ganz erstaunt, was da noch alles ist!« Von Lutzau startet mit Verve in ihr Leben als Künstlerin. Sie nimmt Unterricht bei einem Bildhauer in Straßburg, arbeitet mit Meißel und Marmor, kratzt und schlägt sich hinein in ihren künstlerischen Weg, der ganz anders ausfallen wird als der ihres Lehrmeisters. »Mein Professor hat Herrscherfiguren gemacht, das wollte ich nicht. Ich wollte damals schon Schutz in die Welt bringen.« Die Überlebende von Mogadischu sucht als Künstlerin ihre eigene Spur. Und als ihr Handgelenk nach einem schweren Unfall verletzt wird und sie nicht mehr mit dem Meißel arbeiten kann, entdeckt sie für sich die Kettensäge. In Michelstadt im Odenwald sieht man sie seitdem in ihrem umgebauten Wintergarten arbeiten, immer mit Ohrenschützern gegen den Lärm gepolstert. »Die Kettensäge ist nicht mein Freund, die

ist ein wütendes Tier.« Aber sie hat gelernt, dieses Tier zu zähmen. Zunächst werden aus Baumstämmen die Stelen gesägt, dann entstehen die Vogelköpfe. Aus Baumgabelungen sägt sie die Wächterinnen mit den Flügeln und der angedeuteten Vulva. Auch Flügel, genannt »Fiederungen«, macht sie, die an Vorbilder in der Kunstgeschichte anknüpfen und doch weit entfernt sind von jeder engelhaften Süße. Bei der Arbeit an den Flügeln entwickelte die Künstlerin eine Art der Flämmung, die seitdem ihr Markenzeichen ist. Die Holzstücke werden mit dem Flammenwerfer geschwärzt, dann mit einer Messingbürste geschrubbt und mit einer offenporigen Lasur gefärbt. So wie Kunsthistoriker ihre Vogelmotive in Verbindung setzten mit keltischen Sagen, wo Raben etwa als Sendboten der Toten gelten, so liegt auch bei dieser Brandmarkung der Gedanke an eine tiefere Symbolik nahe. Gabriele von Lutzau bringt den von ihr entwickelten Prozess des Werdens und Vergehens mit wenigen Worten auf den Punkt: »Die ersten Thujas habe ich von Gräbern bekommen, in den Wurzeln noch Erde, teilweise mit kleinen Knochenstücken darin. Da habe ich gedacht: Feuer reinigt. Der Brand steigt auf, ich bürste alles ab, die Asche fällt auf die Erde. Ich habe Himmel und Erde versöhnt und das Stück ist frei – gereinigt und gehärtet.«

Hat die Bildhauerei ihr geholfen, mit dem Trauma der Entführung fertigzuwerden? »Unbedingt. Ich setze dem Bösen Gutes entgegen. Der Angst setze ich meine Wächter entgegen. Dem Tod die Seelenvögel.« Versöhnen, verbinden, heilen: Das ist ihr Credo seit jenen Tagen vor über 40 Jahren, als ihr im Angesicht des Todes ein unbändiger Mut zuwuchs.

Auch der Vogelschwarm in der Katharinen-Kirche, der in seiner langstieligen Zerbrechlichkeit an die Figuren Giacomettis erinnert, trägt den Gedanken der Versöhnung in sich. Die Stelen entstanden in einem künstlerischen Rausch, der sich an dem Verbrechen auf der norwegischen Insel Utøya entzündete. 77 Kinder wurden dort im Sommer 2011 von einem rechtsextremen Attentäter hingerichtet, 77 Stelen hat die Künstlerin gesägt. »Drei Tage bevor im August 2012 das Urteil gesprochen wurde, war ich fertig.« Ein ganzer Wald für die Opfer.

Damit nicht genug: Die Überlebende aus dem Odenwald

nimmt an einer Ausschreibung für ein Memorial für die Toten von Utøya teil, reist nach Norwegen, sucht das Gespräch mit Politikern und Entscheidern und bietet an, ihre Figuren auszustellen, entwirft auch noch eine Vision von einer ökumenischen Trauerfeier. Allein: Die Norweger sind nicht interessiert. Andere Künstler wären durch die Zurückweisung womöglich bedrückt. Diese nicht. Die holt tief aus ihrem Inneren jenen Humor, den sie selbst unverwüstlich nennt: »Ich will immer die Welt retten, aber die Welt lässt sich von mir nicht retten.« Könnte gut sein, dass das nicht ganz stimmt.

Denn egal, ob von Lutzau totes Holz verwandelt oder ob sie um die Welt reist, oft nach Israel, immer geht es in ihrem Leben auch darum, den Opfern einen Platz in der Erinnerung zu geben. »Wir haben keine Trauerkultur in diesem Land.« Das will sie ändern, auch dafür steht ihre Kunst.

Es gibt viele Arten, ein Trauma zu verarbeiten. Viele verkapseln den Schmerz. Andere flüchten sich in die Sucht. Der Engel von Mogadischu will hingucken, auch wenn es wehtut. »Ich gehe nicht raus in die Welt und suche das Elend. Aber wenn mir etwas vor die Füße fällt und mich zerreißt, dann packe ich an und versuche, auch mich zu heilen.« Zu den anderen Entführten unterhält sie sporadische Kontakte: »Wir sind und bleiben eine Schicksalsgemeinschaft.« Die Schönheitsköniginnen an Bord hatte sie seinerzeit zu ihrer Verlobung eingeladen. Jürgen Vietor, der in Hamburg lebende Copilot, der die angeschlagene Boeing nach der Ermordung des Piloten allein weiterfliegen musste, kam zur Eröffnung ihrer Hamburger Ausstellung. Von den anderen Überlebenden hört sie nur sehr gelegentlich, oft nichts Gutes. Ehen gingen auseinander, manch ehemalige Geisel verfiel dem Alkohol.

Heute würde man den Opfern eines solchen Horrors Therapeuten an die Seite stellen, es würden womöglich Entschädigungen gezahlt, 1977 war da nichts. Selbst die Idee, den Geretteten von staatlicher Seite einen Urlaub im Werte von 3000 DM zu spendieren, wurde vom damaligen Bundeskanzler Helmut Schmidt höchstpersönlich verworfen: »Es hieß damals, im Krieg hätten die Menschen noch ganz anderes durchstehen müssen«, erinnert sich von Lutzau. Dabei war auch der Deutsche Herbst, als die RAF die Bundesrepublik und ihre höchsten Vertreter zu Feinden erklärte, doch eine Art Guerillakrieg. Und wer einen Angriff überlebte, kämpft sein Leben lang mit den Folgen. Die Stewardess von Lutzau, die schon in der Maschine von einer großen inneren Stärke geleitet wurde, findet in ihrem zweiten Leben geradezu schlafwandlerisch ihren Weg. Sie überwindet das Trauma des Ausgeliefertseins in ihrer Bildhauerei, die genau genommen eine Selbstermächtigung ist. Sie ist die Frau, die mit Kettensäge und Flammenwerfer ihre inneren Ängste bannt. Nach der Befreiung träumte sie regelmäßig von explodierenden Flugzeugen. Dieser Alb ist verflogen, der Kunst sei Dank.

Wenige Jahre ist es her, da steigt sie in ein Flugzeug und fliegt nach Brasilien, wo die ausrangierte »Landshut« auf einem Dschungelfriedhof modert. Fast 30 Jahre war die Boeing 737 nach der Entführung noch weitergeflogen, zuletzt als Frachtflugzeug. Nun ist sie dem Verfall preisgegeben: In den Triebwerken nisten Vögel, die Reifen sind platt, Schlingpflanzen sind dabei, das marode Flugzeug zu überwuchern. Lutzau kriecht in den Rumpf und hat ein Flashback. Wieder diese Hitze, diesmal vom Dschungelklima, wieder die Bilder von damals, etwa das von der Jüdin auf dem Nebensitz, die vor Angst zitternd beginnt, das jüdische Totengebet zu singen. »Zeigen Sie mir doch mal Ihren Pass«, sagt die Stewardess Dillmann seinerzeit und sieht mit Schrecken die vielen Einreisestempel nach Israel. Spontan kommt ihr daraufhin die Idee zur Notlüge: »Behaupten Sie einfach, Ihr Bruder sei katholischer Priester in Jerusalem und Sie hätten ihn regelmäßig besucht.«

Sie konfrontiert sich mit dem Vergangenen – so auch in Brasilien, wo endlich eine Tür geöffnet wird und sie auf eine Tragfläche hinaustritt, um zu atmen. Ein und aus. Ein und aus. »Das war, als würde ich ein zweites Mal geboren.«

Und da ist sie auch schon wieder, die Mutter der Kompanie, die am liebsten selbst ein abgewracktes Flugzeug unter ihre Fittiche nehmen würde: »Schätzchen, wir holen dich nach Hause«, verspricht sie damals. »Aus dir machen sie keine Coladosen.« Im September 2017 ist es so weit: Im Bauch zweier Militärmaschinen wird die auseinandergelegte »Landshut« nach Friedrichshafen geflogen. Der damalige Außenminister Siegmar Gabriel hatte sich für die Rückholung eingesetzt, im Dornier-Museum Friedrichshafen soll irgendwann ein Museum des Deutschen Herbstes entstehen. Selbstverständlich steht Gabriele von Lutzau bei der Landung der Transportmaschine am Rollfeld und steigt später für die Fotos der Pressefotografen in die Ladeluke. Ehrensache. Auch diese Maschine, findet sie, muss gewürdigt werden. »Die ist geflogen, die hat durchgehalten, obwohl sie schon Sand im Triebwerk hatte. Nur ein bisschen Pech, und wir wären als Feuerball verglüht.«

Wenn man so will, ist die Künstlerin eine Handlungsreisende in Sachen Trauerkultur, die ihr generell zu kurz kommt.

Die Täter stehen lange noch im Licht der Öffentlichkeit, aber wo bleiben die Opfer? Sie hat deren Leid hautnah erlebt, vor allem die Angst der jüdischen Fluggäste. Dass die palästinensischen Entführer die Passagiere nach Juden selektierten, wird sie nie vergessen. »Das war unmenschlich.«

Noch so eine Geschichte, die sie als Retterin und Verwandlerin zeigt: Vor dem KZ Buchenwald, am Rande der Strecke, wo die Todgeweihten sich auf ihrem Todesmarsch dahinschleppten, soll eine Buche gefällt werden. Lutzau erfährt über soziale Netzwerke davon, bekundet Interesse an dem Baum und lässt sich das Holz in ihren Heimatort nach Michelstadt liefern. Sägt einen ihrer Wächter daraus, jene Figuren mit den ausgebreiteten Flügeln. Diese Skulptur steht heute im Archiv von Yad Vashem in Jerusalem, dem großen Erinnerungszentrum an den Holocaust. In der pulsierenden Stadt Tel Aviv würde sie gern ausstellen – »die haben ein modernes Museum, da würden meine Arbeiten gut hineinpassen«.

Mittlerweile sind viele Filme und Dokumentationen über die Entführung gedreht worden. Für das Dokudrama »Todesspiel« von Heinrich Breloer, 1997 produziert, wird sie als Beraterin engagiert. Eine Szene allerdings muss der Regisseur ihr ausreden, nämlich den Heiratsantrag ihres Mannes Rüdiger von Lutzau noch auf dem Rollfeld von Mogadischu. Er war seiner Freundin hinterhergeflogen, er nimmt sie nach der Befreiung als Erster in die Arme. Ein Moment, scheinbar sentimental wie aus einem Kitschroman. »Gabi, das geht nicht, das glaubt uns keiner«, unkt der Regisseur. Gabriele von Lutzau lacht. »Manchmal ist das Leben eben nicht Wim Wenders, sondern Hedwig Courths-Mahler.« Meint: In all dem Schrecken gibt es immer Momente, in denen einfach nur das Gefühl durchbricht, die Dankbarkeit. Als Filmszene mag das überzuckert wirken, auf dem Rollfeld in Afrika war es echt.

Für ihre seelische Widerstandskraft hat sie ein Bild gefunden, das sie so beschreibt: »In mir ist eine riesige rote Sonne.« In ihr ist aber auch ein harter Kern, eine große Unversöhnlichkeit. In einem Dokumentarfilm wird eine ehemalige Passagierin der »Landshut« begleitet, wie sie die einzig überlebende Terroristin in deren jetzigem Wohnort Oslo besucht. Souheila Andrawes, von von Lutzau als besonders grausam beschrieben. Bei der Befreiungsaktion wurde die Palästinenserin schwer verletzt, später verurteilt und vorzeitig freigelassen. In dem Film humpelt Andrawes an Krücken, vergießt Tränen. Irgendwann nehmen sich die ehemalige Geisel und die scheinbar geläuterte Terroristin in den Arm. Eine beklemmende Begegnung, weil die Echtheit dieser für die Kameras gestellten Versöhnung zweifelhaft erscheint.

Täter-Opfer-Ausgleich: Wäre das auch eine Möglichkeit für sie? Die Antwort kommt schnell und sehr entschieden. »Nein. Manche Dinge verzeihe ich nicht. So gesehen bin ich kein guter Christ.«

Letzter Abend vor dem Abbau der Ausstellung, im Seitengang der Katharinen-Kirche sind Stühle und Tische aufgestellt worden, zum traditionellen »Katharinen-Mahl« gibt es Suppe und Wein. Der Pfarrer spricht, dann greift auch die Künstlerin in Residence zum Mikrofon. Wie immer beherzt, nur Stichworte aufgreifend, die sie freihändig moduliert. Gabriele von Lutzau spricht über ihre Art des Glaubens, der wiederum von jenen Tagen im Oktober vor 40 Jahren geprägt ist wie alles in ihrem Leben danach: »Ich finde mich in einer gewissen Spiritualität wieder, die mich Dinge stärker empfinden lässt als andere. Wer Narben auf der Seele trägt, spürt mehr.«

Am nächsten Tag wird der Sattelschlepper vorrollen und die friedliche Heerschar an Seelenvögeln, Wächtern und Fiederungen einsammeln. Die Handlungsreisende in Sachen Heilung und Erinnerungskultur macht sich auf den Weg zurück nach Hause, in das stille Haus im Odenwald. Einen neuen Auftrag nimmt sie mit zurück. Eine Kirchenmitarbeiterin wünscht sich eine Fiederung, zur Erinnerung an ihre allzu früh verstorbenen Eltern. Gabriele von Lutzau freut sich auf die Arbeit. Es geht ums Erinnern. Und somit auch ums Heilen. Sie kennt sich da aus.

PS Nachklang in Michelstadt

Ein halbes Jahr später fahre ich in den Odenwald, um die Künstlerin noch einmal in ihrer Werkstatt zu treffen. Gabriele von Lutzau lädt zum Kaffee auf die Terrasse mit Blick in die Weinberge. Zuvor schaue ich in ihr rundum verglastes Atelier, wo in jenen Tagen ein riesiges Wurzelwerk auf Bearbeitung arbeitet. Eine Douglasie, an die 200 Kilo schwer, der Hänger kam fast bis zum Boden durchgedrückt an. Gerade ist ein Helfer dabei, Steine aus dem Wurzelwerk zu pflücken. Die Bildhauerin nimmt die Kettensäge in die Hand. Ein unhandliches Werkzeug, aber wenn die Späne fliegen und ihr Kopf mit den Ohrenschützern im Furor des Fräsens fast zu verschwinden scheint, ist sie in ihrem Element. Diese Frau strahlt eine Tatkraft aus, die das Haus in der hessischen Idylle fast zu sprengen scheint. Nichts kann sie unterkriegen, so scheint es. Gar nichts.

Das Haus am Hang atmet pralles, gelebtes Leben – an der Wand hängen Fotos von Mutter Gabriele und Tochter Felicitas neben jenem legendären Motiv, auf dem die befreite Geisel noch im Rollstuhl sitzend von Helmut Schmidt begrüßt wird. In der Küche, in eine Ecke gedrängt, eine ihrer Skulpturen. Die Pandemie hat in jenen Tagen auch die Künstlerin ausgebremst. Ausstellungen wurden abgesagt, ihre Energie musste sich neue Bahnen suchen, etwa beim Gärtnern: Wir klettern den Hang hoch zu den Hochbeeten mit drallen Tomatenstauden, rutschen zurück, weil eine Katze kläglich maunzt und umgehend mit Augentropfen und Zuspruch verarztet wird. Rüdiger von Lutzau kommt hinzu, ihr Mann. Jener Teufelskerl, der mit dem damaligen Unterhändler Siegfried Wischnewski der entführten »Landshut« nach Somalia hinterherflog. Alles lange her, ihr Leben im Hessischen ist friedlich eingerichtet, die beiden erwachsenen Kinder sind aus dem Haus. An diesem spätsommerlichen Nachmittag wechselt das Frage-Antwort-Spiel in ein fast vertrautes Plaudern. Sie macht es mir leicht, und es gibt ja auch viel zu erzählen. Über das Kind Gabriele etwa, das ein wildes, freies

Leben bei der Großmutter führte. »Ich war den ganzen Tag im Wald, abends haben sie mich reingezerrt und am Morgen wieder freigelassen.« Heute noch streift sie gern in den umliegenden Wäldern umher, um Pilze zu sammeln: »Ich kenne 26 essbare Sorten, leider verlaufe ich mich leicht.« Medizin wollte sie eigentlich studieren, aber die Mutter machte ihr klar, sie habe sich für jeden Unterhaltsscheck dann auch artig zu bedanken. Nichts für sie. Unterordnung, nein, danke. »Dann lieber Stewardess. Oder Reisebürokauffrau. Ich wollte auf jeden Fall immer raus in die Welt, auf und davon. Nur nicht irgendwo an einem Ort sitzen bleiben.«

»Sie sind der resilienteste Mensch, den ich kenne«, konstatierte ihr seinerzeit ein Arzt, der den geretteten Geiseln zur psychischen Begutachtung empfohlen wurde. Keine Überraschung für sie, von Lutzau kennt sich mit ihren inneren Mustern bestens aus: »Ich würde mich ja gern retten lassen, aber wenn es keiner tut, rette ich mich eben selbst.« Pause. Grinsen. »Lieber würde ich mich natürlich retten lassen.« Ob sie damit richtig liegt? Wer kämpft, muss stark sein, und gewiss halten Herausforderungen auch lebendig. Wenn es jetzt noch einen Kampf zu gewinnen gibt, dann den um das Flugzeug, jene dem brasilianischen Dschungel entrissene »Landshut«, deren Einzelteile immer noch in Friedrichshafen am Bodensee lagern. Eine Onlinepetition hat sie zusammen mit anderen ehemaligen Geiseln und dem Copiloten Jürgen Vietor auf den Weg gebracht, Politiker mobilisiert, tatsächlich wurden vom Haushaltsausschuss nun 15 Millionen für ein Museum des Deutschen Herbstes zur Verfügung gestellt.

Wir wechseln ins Auto, um einen kurzen Blick in ihr Lager auf einem Werkhof in Michelstadt zu werfen. Da stehen sie, die Seelenvögel, die Wächter und Fiederungen. Keine gefällige Kunst, aber eine, die in ihrer Mischung aus Fragilität und Wucht beeindruckt. »Viele weinen, wenn sie in meine Ausstellungen kommen. Am Anfang hat mich das irritiert, ich will doch niemanden traurig machen. Jetzt weiß ich, dass ich etwas anrühre.«

Noch 20 Minuten bis zur Rückfahrt des Zuges, sie nimmt zügig Kurs auf den Bahnhof. Die Entführung und die Bewältigung der Geiselnahme bleiben ihr Thema, in der Kunst und im Leben. Jetzt wird Gabriele von Lutzau eben Ideen entwerfen für die Ausgestaltung eines zukünftigen Museums, und sie wird dabei immer wieder bei ihrem Herzensthema landen: »Man muss doch auch den namenlosen Opfern ein Gesicht geben!« Wir erreichen den Bahnhof in letzter Minute, wäre nicht Corona-Abstand vorgeschrieben, möchte man sie in den Arm nehmen, schon zum Dank für die freimütigen Einblicke in ihr Leben. Zum Abschied sagt sie noch einen Satz, der nachhallt: »›Die Landshut‹ ist für mich die letzte Geisel.« Gabriele von Lutzau wird alles dafür tun, damit auch dieses letzte Zeugnis des Terrors ans Licht der Öffentlichkeit geholt und gewürdigt wird. Das glaubt sie sich schuldig zu sein. Und den anderen auch.

www.gabriele-von-lutzau.de

Susanne Bötel

»Einmal frei machen, bitte«

Wenn die Marketing-Fachfrau
ihre Clownsnase aufsetzt, verwandelt sich die Realität
– für sie selbst und für alle um sie herum

SWITCH Vom Zauber der Begegnung

Zunächst erklingt Klaviermusik, die traumverlorene Melodie aus dem Film »Die fabelhafte Welt der Amelie«. Das gehört zum Ritual. Dann nimmt Susanne Bötel an ihrem Schminktisch Platz – eine Frau von 55 Jahren, mit mittellangem, braunem Haar, viel jünger wirkend, was wohl an ihren runden, staunenden Augen liegt. Noch liegen die Kleidungsstücke ihres späteren Auftritts auf einem Tisch ausgebreitet, eine Sinfonie in Rosa, denn die Verwandlung beginnt mit Tusche und Pinsel im Gesicht. Auf die Lider kommt kräftiges Rosa, die Wimpern werden schwarz gefärbt. Danach die Haare: Zwei Zöpfe hoch oben auf dem Kopf gezwirbelt, zu struppigen Büscheln toupiert, der Mund wird tiefrot ausgemalt, zum Schluss noch zwei rote Punkte auf die Wangen getupft, dann verschwindet sie mit einem Kichern hinter dem rosa Paravent. Drei Minuten später ist die Verwandlung perfekt: Susanne trägt jetzt einen rosafarbenen Faltenrock, darunter einen weißen Petticoat, um die Schultern gelegt ein gehäkeltes Cape, um den Hals geschlungen ein pelzartiger schmaler

Schal, darunter eine rosafarbene Flanellbluse mit Litzen, wie man sie früher Puppen anzog, als diese noch Elke hießen oder Monika. Das Wichtigste fehlt noch: Die rote Nase, das Erkennungszeichen aller Clowns. Es ist beileibe nicht so, dass dieses Utensil so beiläufig aufgestülpt wird, wie andere einen Hut aufsetzen. »Dieser Moment«, sagt Susanne, »ist magisch.« Ihr Kopf senkt sich, das Gummiband wird hinter den Kopf genestelt, dann steht sie auf und breitet die Arme aus: Gestatten, »Rosalore«, die Clownin!

Ein Winken mit dem rosa umhüllten Arm, schon machen wir uns auf den Weg. Rosalore bewegt sich anders als Susanne, ein wenig vornübergebeugt, der Rock wippt, die Füße suchen unbeholfen den Weg. Für 90 Minuten wird sie eintauchen in die Welt dieses Pflegeheimes in einer Seitenstraße des lebhaften Hamburger Schanzenviertels. 199 Menschen mit Demenz leben im »Stadtdomizil«. Manche sitzen auf ihren Stühlen im Foyer, andere liegen in ihren Zimmern oder durchqueren an einem Rollator gehend sehr langsam die Halle. Einmal hin zum Fenster, einmal zurück, der Bewegungsdrang kennt kein Ziel. Wie findet man Kontakt zu diesen in sich Versunkenen? Susanne Bötel alias Rosalore wird es versuchen, mit den Mitteln eines Clowns, also frei von jedem Vorbehalt, nur dem spontanen Impuls folgend.

»Hallo!«, sagt sie laut, dehnt das »ooo« und steuert mir wippendem Rock auf den Mann am Rollator zu. Der hebt den Kopf und lächelt. Alle werden lächeln, die Rosalore an diesem Nachmittag begrüßt oder berührt. Alle werden sprechen. Manche langsam. Manche leichthin wie ein Wasserfall, bis deutlich wird, dass nichts Sinn ergibt in dieser plätschernden Suada. Was hier und heute zwischen der Clownin und den Kranken geschieht, hat nichts mit den Unterhaltungen in der

Außenwelt zu tun. Es geht nicht um den Austausch von Informationen, es geht um Kontakt. Rosalore hat da so ihre Art, die darin besteht, ihr Gegenüber zu spiegeln. Der Mann am Rollator erzählt von Zahlen, alles, was er sagt, wird von ihr wiederholt. Dieses sprachliche Wechselspiel läuft so lange, bis aus der Tiefe des Vergessenen ein neues Versatzstück auftaucht. Einen Roller erwähnt er jetzt. »Ein Roller?«, wiederholt Rosalore und spinnt den Faden fort. »Ein roter Roller? So ein schicker roter Roller? Ohhh!« Der Clown macht einen runden Mund und dreht sich. Ein weiterer Baustein wird aus dem Vergessen geholt, der rote Roller fuhr in Bergedorf. »Huiii«, macht Rosalore, »so schnell fuhr der rote Roller!« Der alte Mann nickt und lächelt. Vielleicht fünf Minuten dauert der Dialog. Rosalore winkt. »Tschüs!«, ruft sie und wackelt, tanzt und zuckelt weiter. So laufen die Gespräche ab. Viel Geduld, viele Wiederholungen, einen Anfang finden und ein Ende, das ist ganz wichtig.

Im ersten Stock wartet schon Gerda, eine weitere Patientin. Sie erkennt die Besucherin mit der roten Clownsnase, allerdings als eine andere. Rosalore ist doch ihre Freundin aus Jugendtagen! Mit akkurat geföhnten weißen Haaren sitzt sie an einem Tisch, die Familie ist gerade zu Besuch, der Enkel spielt an seinem Laptop. Der Kontaktversuch ist für Außenstehende mühsam anzuhören, weil es nicht vorangeht, weil der Dialog scheinbar auf der Stelle dümpelt. Dafür finden sich die Blicke der Patientin und ihrer Besucherin, halten sich fest. Gerda strahlt und wiederholt immer wieder denselben Satz, unterbrochen von langen Pausen. »Du siehst aus wie früher!« Der rosa Clown hält stand, bleibt unerschütterlich neben ihr sitzen. »Ja, wie früher«, antwortet Rosalore. »Das war eine schöne Zeit.«

Wie hält man diese Pausen aus? Wenn die Angehörigen zusehen? Wenn Sprache schon längst keine Brücke mehr ist, sondern höchstens noch ein brüchiger, schmaler Steg? Rosalore nimmt die Hand der alten Frau. »Du hast dich gar nicht verändert«, sagt Gerda. »Wir sind immer noch so hübsch!« »So hübsch sind wir«, echot Rosalore. »So wie früher. Das war eine gute Zeit.« Auf Gerdas Gesicht liegt jetzt ein seliges Lächeln. Als Rosalore endlich aufsteht, mit wippendem Rock, und sich verabschiedet, stehen ihr Schweißtropfen auf der Stirn. Im Fahrstuhl wird die rote Nase heruntergezogen und baumelt nun unterm Kinn. Sie bittet um eine Kaffeepause. »Das war jetzt auch für mich berührend und anstrengend.«

In der Cafeteria sitzt eine Mutter und hält die Hand ihres im Rollstuhl sitzenden Sohnes. Ein Schlaganfallpatient? Ein früh von Demenz Betroffener?

Rosalore, die für einen Pott Kaffee und ein Stück Kuchen wieder Susanne ist, schüttelt den Kopf mit den abstehenden

Zöpfen. In jener Welt, in der sie unterwegs ist, nützen Diagnosen und Informationen über Krankheitsverläufe wenig. Was hilft es schon, wenn sie die Vorgeschichte eines Kranken kennt? »In meiner eigenen Akte würde stehen, ich arbeite seit so und so vielen Jahren bei einer Versicherung.« Schulterzucken. Nichts sagt das aus über den Menschen gegenüber, den sie in diesem Moment erreichen will. Jetzt und hier, vielleicht nur für ein kurzes Aufblitzen des Bewusstseins.

Wie wird man eigentlich Clown oder besser Clownin? Susanne Bötel wirft sich den rosa Pelzfaden über die Schulter. Wenn sie lacht, gehört ihr jede Bühne, auch wenn die Kulissen heute aus dem nüchternen Mobiliar eines Speisesaals bestehen. Sie liebte es schon immer, Theater zu spielen. Wollte bei Schulaufführungen die Prinzessin sein wie alle Mädchen. Wurde aber nichts draus, stets bekam sie die komischen Rollen. »Da habe ich mir irgendwann gesagt, dann bleibe ich eben dabei.« Lange bleibt das Theaterspiel nur ein Hobby, der Beruf geht vor.

Die Welt der Clowns gibt Halt in der Krise

Vor elf Jahren dann der Einschnitt: Ihr Vater stirbt, eine Partnerschaft geht in die Brüche, zeitgleich wackelt auch noch der Job als Marketingreferentin. In dieser existenziellen Krise, als der Boden unter ihr wegzubrechen droht, findet Susanne Bötel Halt in der Welt der Clowns. Hier gelten andere Maßstäbe. Ein Clown wird nicht an irgendeiner fachlichen Leistung gemessen, auch nicht an bestimmten Schönheitsvorstellungen, ein Clown bewegt sich außerhalb der Norm. Er darf sein, wie sonst nur Kinder sind: arglos, vorurteilsfrei, spon-

tan. »Alle Emotionen in mir, ob Wut, Trauer, Freude, darf ich als Clown rauslassen. Dieses Ventil hat mir seinerzeit geholfen.« Die Marketingfachfrau Bötel macht sich auf, das Clowns-Handwerk von der Pike auf zu lernen, und stößt schon während des ersten Workshops an ihre Grenzen: »Ich war total verklemmt. Hatte den Eindruck, ich muss jetzt lustig sein, aber wollte mich doch auf keinen Fall blamieren!« Es ist ein langer Weg bis zum Zustand der Unschuld, der einen Clown ausmacht. Ein langer Weg auch bis zu dem Selbstbewusstsein, so zu sein, wie sie nun mal ist. Ein Clown bewertet nicht, der staunt. »Ich nehme mich an und finde mich schön.« Später absolviert sie neben ihrem Beruf eine dreijährige Clowns-Ausbildung, hängt noch eine Schulung zur klinischen Kunstbegleiterin an und entwickelt langsam ihre Figur, die sie »Rosalore« nennt. Lore nach einer Tante, das Rosa versteht sich von selbst. »Rosalore«, hat sie herausgefunden, »ist eine riesige rosa Projektionsfläche für Sehnsüchte.«

Zunächst agiert ihre Figur ausschließlich auf Theaterbühnen, aber zunehmend entdeckt Susanne Bötel andere Einsatzgebiete. So auch beim Welt-Seniorentag, der in Hamburg traditionell in einer tagsüber leer stehenden Disco gefeiert wird. Sie ist der freundliche rosa Clown, der dabei hilft, Hemmungen abzubauen. Kaum dass dort ein »Speed-Dating«, also ein Kennenlernen im Minutentakt, ausgerufen wird, irrlichtert Rosalore durch die Reihen und nimmt den Kandidaten die Scheu.

In der Adventszeit tritt sie auf Einladung einer Pastorin in der Hamburger Hauptkirche St. Petri auf, eine Premiere. Sie klemmt rote Nasen aus Schaumstoff in die Kirchenbänke und erzählt von ihrem Weg zur Begegnungs-Clownin. Ihre Botschaft an diesem trüben Nachmittag ist die der Freude, frei nach Psalm 126: »Was macht, dass ich so fröhlich bin?« »Erwachsene lachen nur noch 14-mal am Tag«, sagt die Clownin unter der Kanzel. »Das will ich heute auf 16-mal steigern.« Danach führt sie ihre wundersame Verwandlung vor. Einmal hin zu Rosalore, einmal zurück zu Susanne. Im Mittelpunkt die Szene, wenn sie die weiße Clowns-Paste von ihrem Gesicht wischt, ihr Kostüm aber noch anbehält und sich ungeschminkt Schritt für Schritt durch den Mittelgang tastet und die Blicke der Besucher sucht. Ein Clown ohne Maske – arglos, wehrlos, staunend. In der Kirche ist es in diesem Moment mucksmäuschenstill. Nach ihrem Auftritt steht sie rosa leuchtend am Ausgang, neben sich die Pastorin im schwarzen Talar, drückt Hände und blickt in beseelte Gesichter. Es ist fast so, als hätte die Welt auf diesen freundlichen Gast nur gewartet.

Seit einigen Jahren arbeitet Susanne Bötel hauptsächlich mit Dementen. »Begegnungs-Clownin« nennt sie sich. Im

»Stadtdomizil« heuerte sie zunächst als Aushilfe an, um die Abläufe kennenzulernen und unterschiedliche Situationen zu erfassen. Die Figur Rosalore nimmt in ihrem Leben längst mehr Raum ein als die Angestellte Bötel. Vier- bis fünfmal im Monat wird sie gebucht. Was sie als Clownin erlebt, strahlt auch in ihr sonstiges Leben aus: »Ich kann Körpersprache viel besser deuten und habe einen besonderen Sinn für Stimmungen entwickelt. Ich denke, es wird auch grundsätzlich unterschätzt, was für eine positive Wirkung Humor hat. Wer lacht, hat noch Kapazitäten frei.« In der Versicherung arbeitet sie mittlerweile als Betriebsrätin mit verminderter Stundenzahl.

Die Zauberin mit der roten Nase

Susanne schiebt die rote Nase wieder ins Gesicht, jetzt geht es in den zweiten Stock, wo im Aufenthaltsraum der Fernseher mit einer Wissenschaftssendung läuft. Ein smarter Moderator erläutert Theorien über das Erinnerungsvermögen am Modell eines Gehirns. Ausgerechnet. Die drei Bewohner starren ins Leere. Rosalore winkt in die Runde, sie weiß mittlerweile, wer Nähe mag und wer eher nicht. Die Frau im grobgestrickten gelben Pullover in der Eckbank mag Besuch. »Hallo«, ruft Rosalore, schraubt den Ton in die Höhe und dreht sich. Manchmal ist es, als strecke sie einen unsichtbaren Zauberstab aus, der die Erstarrung löst. Die Bewohnerin lächelt, hebt langsam die Hand und schiebt sich wie in Zeitlupe aus der Sitzecke. Sie zieht uns quer über den Gang, in ihr Zimmer mit den Fotos der Kinder und Enkel auf dem Tisch. Über ihrem Bett hängt eine Nikolausmütze, die sie sich ein wenig schief auf den Kopf setzt. Zwei Clowns strahlen sich

an. Einer mit roter Mütze, einer mit roter Nase. »Hohoho!«, macht Rosalore.

Auf dem Flur ein adrett gekleideter Herr, unter dem Pullover blitzt ein weißer Hemdkragen. Womöglich ein Besucher? Nein, ein Bewohner. Was sich jetzt auf dem Flur entspinnt, würde man in der Außenwelt als Flirt bezeichnen. Der alte Herr greift in Rosalores Tüllrock, den diese juchzend anhebt: »Huch, ich bin aber ein anständiges Mädchen!« Spontan entsteht eine Art Reigen, bei dem Clownin und Verehrer sich an der Hand halten, in die Knie gehen und wieder aufstehen, verbunden durch ein Stück Tüll. Dann greift ihr Fan nach dem rosa Puschelschal. Eine Schrecksekunde: Was, wenn er jetzt zuzieht? Aber der Heimbewohner dreht die Boa nur zu einem schlipsähnlichen Knoten. »Ist das ein Palstek?«, fragt Rosalore in breitem Hamburger Missingsch. »Bist du ein Segler?« Ein zweiter Bewohner kommt hinzu. Eben noch durchquerte er wie abwesend die Räume und war nicht an-

sprechbar. Jetzt bleibt er stehen und mustert lächelnd den rosafarbenen Überraschungsbesuch. »Hübsch hässlich.« »Hübsch hässlich«, echot Rosalore. Die beiden alten Herren, die vorher keinerlei Notiz voneinander genommen hatten, lächeln sich an. Rosalore deutet eine Verbeugung an und strebt zum Fahrstuhl.

Bevor sich die Türen schließen, eilt noch eine Pflegerin vorbei und winkt. Es war nicht immer so, dass die Angestellten des Altenheimes die Gastauftritte der Clownin begrüßten. »Da gab es schon Skepsis«, erzählt Susanne, ihre Clownsnase in der Hand. »Nach dem Motto, was soll der Quatsch? Wir haben hier zu arbeiten.« Längst hat sich der Wind gedreht. Wo immer Rosalore auftaucht, entspannt sich die Stimmung. Aus ihrem Zimmer grüßt die Leiterin vom betreuenden Dienst. »Der Clown macht etwas mit uns allen«, sagt sie. »Er nimmt ein bisschen den Ernst des Alters raus. Wir sind hier am Ende des Lebenskreises angelangt, und das

Lachen passiert hier nicht mehr so automatisch. Wir brauchen jemanden, der uns dazu animiert. Ein Clown kommt in den Raum, und schon bewegen sich die Mundwinkel. Wenn dann auch noch eine Interaktion passiert, sind alle bereit, auch mal zu vergessen, dass sie eigentlich nichts zu lachen haben. Dann lachen sie mit.«

Nicht allen gelingt ein freundlicher Dialog. Es gibt auch »herausforderndes Verhalten«, hat Susanne Bötel vorher in der Cafeteria erzählt. Damit muss man umzugehen lernen. Sie kann das. Manchmal wird eben ein bisschen gerangelt. Und manchmal hält sie es aus, dass einer in dieser warmen, rosa Verheißung schier versinken möchte. Einmal hatte sie eine Frau mit Missbrauchsgeschichte, für die war Rosalore ihre frühere Puppe, bei der sie Trost suchte. Diese Puppe, die sich getreu ihrer Rolle nicht bewegte, sondern nur mit Armen und Beinen schlenkerte, wurde geherzt und gedrückt. »Mein Kostüm muss ich regelmäßig waschen«, lächelt Susanne.

Mittlerweile gibt Susanne Bötel für das Fachpersonal wie für Angehörige auch Workshops über Humor in der Pflege. »Es gibt Techniken, die Körpersprache zu spiegeln. Man kann Töne aufnehmen und in die Fantasiewelt der Bewohner einsteigen.« Mit den Angehörigen arbeitet sie an humorvollen Interventionen. Da ist etwa die alte Frau, die sich noch ganz jung fühlt und zum Tanztee will. »Mutti, du bist doch jetzt hier im Heim«, wollen die Töchter dann oft korrigieren. Ganz anders Bötel: »Wenn man den Mut hat, in die Fantasiewelt einzusteigen, kann man bei dem Kranken ganz andere Seiten entdecken.« Sie selbst lernt ja auch ständig dazu. Fragen nach ihrem Alter hat sie früher wahrheitsgemäß beantwortet und die Fragenden damit oft schwer enttäuscht: »Da dachte ein alter Herr, er sei noch jung und viril. Der wollte natürlich nichts mit einer älteren Frau von Mitte 50 zu tun haben.« Heute fragt sie kokett zurück: »Wie alt schätzen Sie mich denn?« »Auf 19 bis 23 Jahre«, kommt es dann oft zurück, und Rosalore lässt das lächelnd so stehen.

Ein Blick auf die Uhr, als wolle sie innerlich Anlauf nehmen. Jetzt geht es mit rot leuchtender Clownsnase in den obersten Stock, wo die Schwerkranken liegen. Eskortiert werden wir von einer kleinen Frau, die mit strenger Stimme fragt, ob sie aufpassen solle. Zwei Puppen trägt sie im Arm. Aufpassen? Auf wen? Die Clownin erfasst die Situation mit einem Blick, streicht der Puppe über den Kopf. »Ja, aufpassen ist gut.«

Im vierten Stock ist es still. Hier vollendet sich das letzte Kapitel einer Krankheit, die zum totalen Verstummen führt. Rosalore bleibt vor einer geschlossenen Zimmertür stehen. Draußen hängt das Foto einer lachenden Frau. Einer Frau, die im Leben stand, wie man so sagt, und von der Susanne Bötel weiß, dass sie früher gern gebacken hat. Rosalore drückt leise die Klinke herunter, wir nähern uns mit vorsichtigen Schritten dem Bett, in dem die Bewohnerin mit halb geöffnetem Mund zu schlafen scheint. Auf dem Beistelltisch steht ein Luftbefeuchter, es ist kühl. Rosalore summt leise, als würde gleich der Vorhang zu einem Märchen aufgehen. Vielleicht ist es ja auch so. Sie erzählt von einer Backstube, in der der Teig ausgerollt und Plätzchen ausgestochen werden, in der es nach Mehl duftet, nach Mandeln und Marzipan. Das Gesicht in den Kissen scheint sich zu beleben, dem Mund entringt sich ein Seufzer. Rosalore spinnt ihr Märchen weiter, von dem Ofen, in dem die Plätzchen jetzt backen, vom Duft, der durchs Zimmer zieht. Ihr Summen wird leiser. Vorsichtig streicht sie über die Bettdecke. Einen Augenblick noch verharren, dann gehen wir leise zurück, ziehen die Tür hinter uns zu. Was wird bleiben in jenem Zimmer? Vielleicht ein Hauch von Nähe, ein fernes Anklingen der Erinnerung?

90 Minuten sind vergangen, die Begegnungs-Clownin verwandelt sich zurück. Ein großer Koffer fasst Rock und Petticoat, Cape und Bluse. Zum Schluss werden die rosa Punkte von den Wangen gerieben. Rosalore ist wieder Susanne. Sie wirkt erschöpft und zufrieden. »Wenn ein Kontakt gelingt, ist das auch für mich ein zutiefst beglückender Moment.« Früher wollte sie immer Prinzessin werden. Wenn man so will, ist sie heute eine Zauberin. Die Zauberin mit der Clownsnase.

www.rosalore.de

Mareile Preuschhof

Einladung in die Stille

Die Hebamme und Leiterin eines
Hospizdienstes fand eine späte Lebensaufgabe
als Äbtissin des Klosters Wennigsen

SWITCH Höre auf das, was in dir aufbrechen will

Wer sich auf den Weg macht ins Kloster, der sucht eine Erfahrung, die selten geworden ist. Das Erlebnis des Rückzugs, eine Blankozeit ohne Pflichten und Termine, es sei denn, sie sind selbst gesetzt. »Stille und Begegnung« heißt die Einladung zum offenen Retreat. Eine gute Gelegenheit, als Gast zumindest für einen Tag und eine Nacht den Geist hinter Klostermauern zu erspüren und die Äbtissin Mareile Preuschhof zu treffen, die das Haus nach zwei Berufswechseln seit Januar 2019 leitet. Das Kloster Wennigsen bei Hannover, im Jahre 1224 erstmals urkundlich erwähnt, ist heute ein Refugium auf Zeit und offen für Besucher.

Was nehme ich mit auf den Weg? Leichtes Gepäck, Wasser, Obst, Neugier. Das sollte reichen.

Nichts dämpft die Schritte auf dem matt glänzenden Holzfußboden der langen Klostergänge. Keine Bilder, ab und an eine alte Truhe, flackernde Windlichter. Mein Zimmer ist eines von 15 Gästezimmern, die Einrichtung ist auf das Nötigste beschränkt. Ein Bett, ein alter Schreibtisch, zwei Stühle, ein Schrank, auch hier leere Wände, kein Nippes, nichts, was ablenkt. Meine kurze Besinnungszeit und die längere der anderen Gäste beginnt um 17 Uhr mit der Vorstellungsrunde, angeleitet von der Äbtissin. Die Stühle stehen schon im Kreis, das Zentrum wird von einer Vase mit blühenden Zweigen markiert. Sechs Frauen kommen nach und nach in den Raum, suchen sich ihren Platz. Mareile Preuschhof sitzt bereits in der Mitte, eine hochgewachsene Frau mit grauem Pagenkopf, sehr gerade aufgerichtet, unverkennbar die Leiterin. Sie wartet schweigend ab, bis die Gespräche verebben, heißt uns willkommen, erläutert die Abläufe des Abends und der folgenden Tage. Jede hier, so stellt sich nach und nach heraus, steckt in Übergängen. Es geht darum, nach einer Trennung zur Ruhe zu kommen, Abstand vom beruflichen oder familiären Stress zu gewinnen, Gefühle zu sortieren. Eine Teilnehmerin kommt regelmäßig. Die Auszeit am Anfang jedes Jahres ist ihr zu einem wichtigen Ritual geworden: »Wenn sich die Klosterpforte hinter mir schließt, fällt alles von mir ab.« Alle Augen ruhen nun auf der Äbtissin, dieser Frau aus der Mitte des Lebens, die verheiratet war und zwei Töchter großgezogen hat. Begonnen hat die 59-Jährige als Hebamme, später begründete sie den ambulanten Hospizdienst in Hannover, den sie viele Jahre auch leitete. Als Äbtissin setzt sie sich nun dafür ein, den Besuchern des Klosters die spirituelle Welt zu eröffnen. Was wird sie in den folgenden Tagen an geistiger Führung mitgeben, an Einsichten, vielleicht auch an Heilung?

Zunächst folgt eine kurze Einweisung in die Räume. Der Rundgang durch die ungeheizten Gänge vermittelt eine Ahnung davon, wie karg der Alltag gewesen sein muss, als vor vielen Jahrhunderten Nonnen des Augustinerordens hier lebten. »Armut, Keuschheit, Gehorsam« mussten sie geloben.

Mareile Preuschhof geht voran. Bei ihrer Amtseinführung trug sie schwarze Tracht und dazu eine Haube, die sogenannte große Dienstkleidung. Die weinroten Schuhe, die sie sich eigens für diesen feierlichen Moment gekauft hatte, musste sie allerdings gegen schwarze wechseln, das erfordert die Tradition. Jetzt ist sie leger mit langer Hose und Pullover unterwegs und empfiehlt eine Steppweste gegen die Kühle.

Wir folgen ihr eine Treppe hinunter, durch einen Gang, in dem mehrere Skulpturen stehen. Am Anfang eine schwarze Madonna mit besticktem Mantel, darin eingehüllt das Jesuskind. Früher klopfen viele Pilger an die Pforte des Klosters, nur um dieses mittelalterliche Kleinod zu bewundern. Vor der Statue ein flackerndes Windlicht und frische Blumen. »Andere Klöster«, so Preuschhof, »beherbergen noch viel bedeutendere Schätze.« Trotzdem: Aus Sicherheitsgründen wird der Skulpturengang nachts durch eine Alarmanlage geschützt. Danach erreichen wir die »Prieche«, ein altertümliches Wort für Empore. Von hier aus konnten die Nonnen ins Kirchenschiff blicken, im Fokus die Kanzel. Im Kloster Wennigsen gibt es heute eine Frauengemeinschaft, deren Mitglieder allerdings außerhalb der Klostermauern leben. Die ordentlich aufgestellten 13 Stühle auf der Prieche, auf jedem Sitz eine Bibel und ein Gesangbuch, sind als Symbol zu sehen.

Hinter der Prieche liegt der Meditationsraum, ausgelegt mit rostbraunem Teppich, in der Mitte ein Blumenstrauß. Spätestens jetzt sollen wir schweigen. Und die Schuhe ausziehen. Die Kunst der inneren Versenkung ist ein Schwerpunkt des Klosterangebots. »Via Cordis,« der Weg des Herzens, heißt die hier angebotene Meditation, die auf einer urchristlichen mystischen Praxis beruht.

Mareile Preuschhof wartet im Stehen ab, bis die Glocken

der Kirche verklungen sind, wir tun es ihr gleich. Dann lassen wir uns nieder. Manche im Schneidersitz, andere sitzen irgendwie. Nur stabil soll die Position sein. Die Äbtissin beginnt mit einem Zitat des Mönchs Bernhard von Clairvaux, der im 12. Jahrhundert lebte, einer Einstimmung für die folgenden Tage: »Gönne dich dir selbst. Ich sage nicht: Tu das immer. Ich sage nicht: Tu das oft. Aber ich sage: Tu es immer wieder einmal.«

Ein Gong leitet das Schweigen ein. Schweigen mit geschlossenen Augen. Für Ungeübte wie mich ein Kampf mit der inneren Ungeduld, mit dem Impuls, aufzustehen, die Beine auszuschütteln und an irgendeinem Knopf zu drehen, damit bloß schnell wieder das gewohnte Rauschen einsetzt. Aber niemand gibt der Versuchung nach. Nach der Versenkung stehen wir auf, sprechen das Vaterunser und erhalten den Segen. Die Äbtissin hebt die Arme: »Gott segne und behüte dich. Er lasse sein Angesicht leuchten über dir und schenke dir Frieden.«

Irgendwo sind diese Worte abgespeichert, auch bei Menschen, die ihre Probleme mit der Kirche haben. Irgendwo tief im Inneren erreichen sie einen Punkt, den jeder Erwachsene gelegentlich ersehnt. Abgeben können. Sich anheimstellen und wissen, du bist angenommen und behütet.

Die Botschaften der Nacht und des Tages

Es ist halb acht Uhr und dunkel, auf den Zimmern gibt es weder Fernseher noch Radio. Die Möglichkeit, mit dem Smartphone zu surfen, verbietet sich. Auf dem Schreibtisch eine Sammlung von spirituellen Texten und der Vorschlag für einen Tagesplan, konzentriert auf die Innenschau. Ein idealer Tag im Kloster beginnt danach morgens um sieben Uhr mit dem Vorschlag: »Hören auf die Botschaften der Nacht«, »Einstimmen in die Themen des Tages«. Es folgen vier eingetragene Meditationszeiten, wobei die letzte um 18 Uhr »Abendlob« heißt. Dazwischen »Gang in die Natur«, »Arbeit in Haus und Garten«, Einzelgespräche mit der Äbtissin. Selbst die persönliche Lesezeit zwischen 15 und 16.30 Uhr nennt sich »geistiger Impuls« und schließt beiläufiges Blättern in Zeitschriften gleich mal aus.

Das Kloster liegt still, auf den Gängen flackern Kerzen, eine andere Welt öffnet sich in diesen Mauern, eine Welt, die deutlich macht, wie ungewohnt es geworden ist, sich der Stille auszusetzen, die wir Ungeübten allzu schnell mit dem Nichts gleichsetzen. Ich beginne zu lesen, Texte der Nonne Teresa von Avila, die im 12. Jahrhundert lebte. Rilkes berühmtes Gedicht »Stufen«, das vom Durchwandern immer neuer Lebenskreise erzählt und das Wunder des Neubeginns lobt: »Wohlan denn Herz, nimm Abschied und gesunde!« Hermann Hesse, Dietrich Bonhoeffer und die Legende eines Eskimovolkes, das sich einmal im Jahr in einem Iglu zum Schweigen trifft, weil alle wissen, dass nur in der Stille etwas Neues aufbrechen kann. Um kurz nach zehn Uhr schalte ich das Licht aus. Hier fühlt sich frühe Nachtruhe richtig an. Ein letzter Blick in den Klosterplan: Die Morgenmeditation beginnt vor dem Frühstück.

Um sieben Uhr klingelt der Wecker. Nur wenige Meter hinter den Klostermauern erwacht das Leben, hier ist der Raum erfüllt von Stille. Ich öffne eines der Doppelfenster, höre auf den Sturm, der an den kahlen Zweigen rüttelt. Hier drinnen kein Laut, nirgends. Ein Blick in den dunklen Gang: Eine Kerze flackert, das Holz der langen Gänge glänzt wie frisch poliert. Nach und nach öffnen sich die Türen, die Einsiedlerinnen auf Zeit gehen schweigend in den Meditationsraum, vorbei an den Truhen, der Madonna im Mantel, der Pietà aus dem Mittelalter, die Treppen hoch zum Priechen-Chor, hinunter in den Raum mit den ordentlich platzierten Kissen. Wieder fällt mir auf, wie befreiend Leere sein kann. Alles hier atmet Reduktion und Ruhe. Die Äbtissin ist schon da. Zarte Schläge mit dem Gong, dann beginnt die Morgenmeditation. Und wieder ein Segen. Und ein Lächeln: »Haben Sie einen schönen Tag.«

In der Gemeinschaftsküche höre ich Geschirr klappern,

schaue durch die Tür. Eine junge Frau aus der Vorstellungsrunde nickt freundlich und lässt meinen Gruß unbeantwortet. Auch das gehört zum Angebot: Ins Schweigen gehen, nicht nur in die Stille. Eine andere schneidet Gemüse klein für ihren Mittagsimbiss, der nach dem Tagesplan um zwölf Uhr vorgesehen ist.

Das Kloster mit der angeschlossenen Kirche liegt nur wenige Meter von der lebhaften Hauptstraße entfernt, begrenzt durch eine Mauer. Die Pforte ist angelehnt. Wer hindurchgeht, den überfällt sekundenlang das Gefühl, er habe eine unsichtbare Schwelle übertreten. Ich schnuppere eine Prise Außenwelt und kehre schnell wieder um. Still ist es auch innerhalb des Klostergartens. Verwunschen. Die Bäume im Park scheinen vom Alter niedergedrückt, mitten auf der Wiese steht wie vergessen ein Altar aus Marmor, in den Wänden leere Höhlen, die einst wohl Skulpturen bargen. Hinter der Mauer der Durchblick auf die Streuobstwiese mit winter-

lich kahlen Apfelbäumen. Spiritus Loci, der Zauber eines Ortes ist hier fast mit Händen zu greifen. Ein Blick noch in den quadratischen Innenhof des Klosters, in dem bis zur Mitte des letzten Jahrhunderts die Konventualinnen beigesetzt wurden. Wer die Begrenzung durch Klostermauern nicht als Einengung erleben will, muss nach innen gehen. So ist das gedacht, so funktioniert es auch heute noch.

Mareile Preuschhof ist die 39. Äbtissin in Wennigsen, angestellt bei der Klosterkammer Hannover. Neben dem geistlichen Wirken zählen auch ganz weltliche Aufgaben zu ihrem Tun: Sie leitet die Verwaltung, instruiert den Hausmeister sowie sieben Mitarbeiterinnen in Sekretariat und Hauswirtschaft. Sie soll den Haushaltsplan überblicken – vor allem aber soll sie die spirituellen Angebote entwickeln und in Zusammenarbeit mit zahlreichen Dozenten koordinieren – die Meditationen, die Fortbildungen, die meditativen Gesangsrunden. Und eben auch den tageweisen Rückzug.

Während des Retreats steht sie für Gespräche zur Verfügung, auch heute wird sie Besucherinnen zuhören. Eine Form der Seelsorge, wenn man so will. Kurz nach der Mittagspause habe ich meinen Termin im Gesprächszimmer. Ein Teppich, bunte Kaffeetassen, Topfblumen setzen Akzente von Behaglichkeit.

Zwei Stunden lang wird Mareile Preuschhof erzählen von ihrem Weg und den beiden Wendepunkten, die sie innehalten ließen und ihrem Leben eine andere Richtung gaben. Von der Mission, die sie erfüllt – und auch von den praktischen Aufgaben, die eine Klostervorsteherin zu absolvieren hat. Draußen wiegt sich eine uralte Eibe im Wind – ja, auch der Garten gehört zu ihrem Einsatzfeld. Die Früchte der Obstwiese werden traditionell für Seminargäste eingekocht – 250

Weckgläser entstehen so Jahr für Jahr mit Kirschen-, Pflaumen-, Quitten-, Johannisbeermarmelade und Apfelgelee. Die Äbtissin lacht. »Manchmal schalte ich mir den ›Tatort‹ ein und schäle dabei Äpfel.« Wobei der Klostergarten ja auch die Seele nährt. »Deine Seele ist wie ein Garten«, heißt es bei Teresa von Avila. »Sind wir im Garten tätig, können wir wundersam verwandelt werden. Aus Angst wird Vertrauen, aus Wut Zufriedenheit, aus Trauer Hoffnung, aus Verletzung Heilung.« Auch Gartenarbeit gehört zum offenen Angebot des Klosters.

Gegen kalte Medizintechnik

Preuschhof ist Jahrgang 61 – eine Generation, die noch vom Aufbruch der Achtundsechziger gestreift wurde und den aufbegehrenden Feminismus inhalierte. Während ihrer ersten Ausbildung war der Konflikt mit den herrschenden Gegebenheiten vorprogrammiert: Da stand sie nun, die junge Hebamme, die die Geburtsmedizin nichts weniger als revolutionieren wollte, und prallte auf hierarchische Strukturen und kalte Medizintechnik: »Es ging damals ziemlich brutal zu.« Trotzdem: Rund 400 werdenden Müttern stand sie bei, darüber hat sie sogar Buch geführt. Aber die klinische Geburtshilfe jener Zeit ist nicht ihre Welt.

Der Einschnitt, der alles verändern sollte, fällt in diese Zeit: 1982 stirbt ihr Bruder mit 28 Jahren an Krebs. Er lebt damals in einer christlichen Gemeinschaft, er ist nicht allein. Aber die damals 21-jährige Schwester ist es. Die macht ihre erste Erfahrung mit Abschied und Trauer und erlebt sich hilflos wie so viele: »Ich habe mich mit dem Tod nur mit dem Kopf auseinandergesetzt, mit den Gefühlen überhaupt nicht.«

Aber Trauer lässt sich auf Dauer nicht unterdrücken, die zeigt sich nach und nach in vielen Symptomen. »Es ging mir immer schlechter, ich wurde antriebsarm, meine Lebenslust nahm ab, es fühlte sich an, als wenn ich in eine Depression rutsche.« Der Umgang mit Trauernden, erfährt sie schmerzlich, ist in jener Zeit und unter ihren Altersgenossen ein Tabu. »Als ich das erste Mal wieder in dem Ort war, in dem ich aufgewachsen bin, haben mich nur zwei von 50 Leuten, die ich kannte, auf den Tod meines Bruders angesprochen.« Später fängt sie an, Sozialpädagogik zu studieren und begegnet einem Mentor: »Der Professor, den ich dort getroffen hatte, lud mich ein, meine Trauer zu durchleben.« Am Ende des Studiums, als sie Frieden mit dem Tod des Bruders gemacht hat, ist ihr klar, wohin ihr Weg gehen wird. Die Begleitung Sterbender und Trauernder soll ihre Aufgabe sein – nicht die Leitung eines Jugendzentrums oder die Arbeit mit Drogenabhängigen. »Ich will Menschen auf ihrem Weg begleiten, sodass Heilsames wirken kann.«

1992 gründet Preuschhof den ambulanten Hospizdienst Hannover, wird 20 Jahre lang Sterbende und ihre Angehörigen begleiten. Die ausgebildete Hebamme, die einst am Beginn eines neuen Lebens Beistand leistete, hilft jetzt, wenn es an den Abschied geht, den endgültigen. »In der Hospizarbeit«, sagt sie, »habe ich eine Frömmigkeit entwickelt, die ich früher nicht kannte.« Es ist so, als begleite sie dorthin, wo die Grenze zwischen Diesseits und Jenseits immer dünner wird. »Sterbende haben uns Dinge mitgeteilt, die wir nicht wahrnehmen konnten. Die haben Figuren im Raum gesehen. Eine Frau berichtete ihren Söhnen in den klaren Momenten, die ihr noch vergönnt waren: Wenn ihr wüsstet, wie schön es dort ist!«

Das Geheimnis des Jenseits, die Ahnung, dass es etwas gibt, was über die Spanne zwischen Geburt und Tod hinausweist, lässt sie nicht mehr los.

Der zweite Wendepunkt bahnt sich an, während sie mit Ehrenamtlern zu einem Seminar in das Kloster Bursfelde an der Oberweser reist. Dieser Ort wird ihr Fluchtpunkt, ihr Rückzugsort. Bei einem weiteren Besuch führt sie ein Gespräch mit dem dortigen Pastor, vertraut ihm ihre Zweifel an. »Wissen Sie, ich glaube an Gott, aber nicht an das Göttliche in Jesus.« Die Antwort: »Versuchen Sie doch mal, mit ihm in Kontakt zu kommen.« Und tatsächlich: Während einer Meditation, in einem Raum mit 28 Leuten, »erschien mir ein helles Licht, das eine zutiefst tiefe Liebe ausstrahlte. Und davor stand ein Mann, in dessen Augen ich die gleiche Liebe fand. Jesus?« Die ehemals so Skeptische, Zweifelnde ist zutiefst erfüllt von dem Erlebnis. Sie verlässt den Raum, geht in die angrenzende Kirche und ist sich plötzlich ganz sicher:

»Diese Erfahrung, die du da gemacht hast, musst du in dein Leben integrieren.«

Neben dem Beruf und der Familie beginnt Mareile Preuschhof ab 2010 berufsbegleitend Theologie zu studieren. Auch hier zunächst mit vielen Fragen: »Ich habe nicht studiert, um Pfarrerin zu werden, sondern um meinen Wissensdurst zu befriedigen. Nach 20 Jahren Hospizarbeit war bei mir zu viel Routine entstanden. Konnte ich den Menschen in ihrer be-

sonderen Situation noch gerecht werden?« Sie lässt sich beurlauben, überlegt für kurze Zeit, in einen Orden zu wechseln und sich rigoros von allem Weltlichen zu verabschieden. Aber zwei Äbtissinnen signalisieren ihr, dass es dafür zu spät ist. »Ihre Kinder und später Ihre Enkel werden immer an erster Stelle stehen. Wenn die rufen, sind Sie weg.«

Also doch Pfarrerin. Preuschhof übernimmt eine Gemeinde in der Nähe von Eisenach. Vieles macht ihr Freude, die Fülle der Aufgaben eher nicht. »Kirmes, Festzelt, Feuerwehrfeste. Überall sollte die Kirche vertreten sein. Das ist auf dem Lande sehr schön, aber war nicht so meins.«

Prüfung vor der Klosterkammer

Ihre Mutter macht sie auf die Stellenanzeige aufmerksam, in der eine Nachfolge für die Äbtissin in Wennigsen gesucht wird. Mareile Preuschhof bewirbt sich, und von nun an geht alles ganz schnell. In einem Bewerbungsgespräch wird sie von der Klosterkammer geprüft, ihr selbst ist es wichtig, vor ihrer Einführung die Frauengemeinschaft kennenzulernen. Einen halben Tag lang verbringen die neun Frauen und die angehende Klostervorsteherin miteinander, dann ist allen klar: »Es passt. Wir treffen uns fünfmal im Jahr, die Frauen kommen zu bestimmten Einkehrzeiten oder übernehmen einzelne Aufgaben wie die Gestaltung des Newsletters.«

Äbtissin also. Ein Amt, das nach Strenge und Kargheit klingt, nach wehendem schwarzen Ornat und totaler Abkehr von jeglicher weltlicher Zerstreuung. Aber so ist es in ihrem Wirkungsbereich längst nicht mehr, das würde auch nicht zu ihr passen. Die Äbtissin von Kloster Wennigsen ist freier als die Ordenschefinnen früherer Jahrhunderte. Sie darf sich auch außerhalb des Klosters bewegen: »Allerdings sollte das Kloster nie mehrere Tage allein sein.« Gelegentlich nimmt sie die Bahn nach Hannover, geht ins Kino oder trifft Freunde. Auch Besuch darf sie empfangen, etwa ihre Töchter: Die 26-Jährige studiert Psychologie in Dresden, die 23-Jährige arbeitet als Tischlerin bei Hannover. Preuschhof lebt schon seit vielen Jahren allein, eine neue Partnerschaft ergab sich nicht und wäre auch ein Ausschlusskriterium. »Die strengste Regel ist die Verpflichtung, dass ich allein bleiben muss. Wenn ich das nicht mehr wollte, müsste ich die Stelle verlassen.« Im Moment ist es, wie es ist. Und wenn es so bleibt, wie es ist, kann sie das Amt bis zu ihrem 70. Lebensjahr ausfüllen. Als Äbtissin verfügt Mareile Preuschhof über eine Vierzimmerwohnung im Kloster, für Besucher gibt es die Gästezimmer, notfalls auch die Räume des benachbarten Johanniter-Hauses.

Kommen wir zu ihrer Mission, dem Herzstück ihrer Arbeit: Mareile Preuschhof möchte die Menschen ermutigen, herauszufinden, was ihre Gaben sind und was ihre Möglichkeiten. Vor allem aber möchte sie ihnen den Raum geben, auf ihre innere Stimme zu hören.

»Ich glaube, dass jede und jeder in einer bestimmten Weise von Gott gemeint ist. Dahinter steht ein Schöpfungsakt. Es ist eine lebenslange Aufgabe, herauszufinden, wie bin ich gemeint? Wie kann ich in guter Weise wirken? Wir gehen dabei Schritt für Schritt und wissen nicht, was uns erwartet, wohin der Weg uns führt.«

Der letzte Satz, den die Äbtissin an diesem Vormittag sagt, könnte auch in ihr Abendlob einfließen, das ich heute nicht mehr erleben werde: »Gott, hilf mir zuzulassen, was in mir Mensch werden will.«

Mareile Preuschhof lächelt. Dann fällt ihr noch ein Beispiel aus ihrer Hospizarbeit ein, die Worte eines 80-Jährigen kurz vor seinem Tod. »Da war plötzlich ganz viel Schrecken und die Erkenntnis: Jetzt soll ich schon sterben? Ich habe doch noch gar nicht gelebt!«

So wird es ihr nicht ergehen, da ist sie gewiss. Sie hat ihren Platz und ihre Erfüllung gefunden. Und einen Teil dieser Erkenntnis möchte sie all jenen mitgeben, die den Geist des Klosters für einen Tag oder auch länger erleben: Lass dich nicht von Konventionen erdrücken. Höre auf das, was in dir aufbrechen will. Höre auf dein Inneres und lausche zu Gott. »Manchmal«, sagt sie, »sehe ich den Gästen an, dass sich etwas in ihnen verändert hat während der Zeit ihres Aufenthalts. Die kommen mir auf dem Gang entgegen und haben ganz gelöste, glückliche Gesichter.«

Mareile Preuschhof erhebt sich, ihr Terminkalender ist prall gefüllt. Ein Gespräch mit dem Hausmeister steht an, heute Abend tagen im Konventsaal die Mitglieder der Klosterkammer, am Wochenende wird sie ihre Tochter in Dresden besuchen. Mein kurzes Retreat ist zu Ende, der Weg zur Pforte fast schon vertraut. Der Schritt ins Draußen ist ein Moment, in dem ich die Hände schützend über die Augen legen will, obwohl der Himmel grau und bedeckt ist.

www.kloster-wennigsen.de

Renata Wendt

Der Stoff, aus dem die Träume sind

Die Grafikdesignerin Renata Wendt sattelte mitten im Leben auf Lehmbau um und gründete eine eigene Werkstatt. Heute ist sie 76 und baut seit Jahren an ihrem Altersruhesitz in Lauenburg. Natürlich mit Lehm

SWITCH Fange nie an, aufzuhören

Es ist klamm im Rohbau an der schmalen Gasse in Lauenburg, durch die offenen Fenster pfeift der Wind. Grubenlampen flackern, zwei junge Mädchen setzen Stein auf Stein, aus den Fugen quillt brauner Matsch. Eine Frau mit wehender karierter Bluse und Kopftuch gibt Anweisungen: »Nicht so exakt, Magdalena! Und die Steine nicht klopfen, dann gehen sie kaputt!« Wenn das Leben eine Baustelle ist, dann hat sich die Bauherrin gut aufgestellt, denn diese hier existiert seit über 30 Jahren. So lange mauert, gräbt und werkelt Renata Wendt, so lange rührt sie Lehm an, immer im passenden Mischungsverhältnis, so lange mischt sie auch die Pläne in ihrem Kopf neu auf: die Träume vom Altersruhesitz, der aus Lehm und alten Materialien neu entsteht. Vom kleinen Badehäuschen, in dem wunderbar warmes Wasser in die Badewanne sprudeln soll. Die Träume vom sogenannten Ballraum im ersten Stock, wo die Schlafräume entstehen. Schließlich die Vorstellung vom sommerlichen Müßiggang, wo sie hinterm Haus ein paar Stufen hochklettern wird bis zum Ausguck auf die Elbe, einen Pott Kaffee in der Hand. Kurz, sie träumt vom Fertigwerden, irgendwann. Andererseits: Wenn ein Traum in Erfüllung geht, ist er auch ausgeträumt. Also lässt sich die Baumeisterin Zeit. Sehr viel Zeit. Mehrere Jahrzehnte schon.

»Irgendwann mit Mitte 80 wird der Moment kommen, da fällst du vom Gerüst, und das war es dann«, unkt ihr Sohn bei Besuchen auf der Baustelle.

»Dann macht es Plupp, und ich hatte ein schönes, erfülltes Leben«, lacht seine Mutter daraufhin.

Wer sich mit der Lehmbaumeisterin in ihrem Rohbau trifft, stolpert über Pfützen und die eigenen Klischees im Kopf. Eine alte Frau mit heller, fast kindlich klingender Stimme, die unermüdlich an ihrem alten Ständehaus aus dem 17. Jahrhundert bastelt – was soll man davon halten? Vermutlich arbeiten Profis anders, effizienter nämlich, aber niemand sollte Renata Wendt unterschätzen – sie versteht ihr Handwerk, und ihre Langsamkeit hat System. Wenn sie über eine mit Lehm verputzte Wand streicht, dann mit einer Andacht, wie andere die Textur einer Damasttapete ertasten. Wenn sie ihren beiden 16-jährigen Werkstudentinnen Tabea und Magdalena die Zusammensetzung der Lehmmischung erklärt, dann mit einer Fachkenntnis, die von jahrzehntelanger Erfahrung zeugt.

Der Kontakt zu Renata Wendt kommt altmodisch über einen Brief zustande, weil ihr Mail-Konto nicht funktioniert. Aber das Einschreiben schwarz auf weiß mit der Bitte um einen Besuch holt sie genau da ab, wo sie selbst steht. Wozu moderne Technik, wenn die althergebrachte Art doch auch

funktioniert. »Alter ist durch nichts zu ersetzen«, sagt sie, und meint damit ihr Handwerk – aber vielleicht auch sich selbst.

Eigenwillig war die gelernte Grafikdesignerin schon immer, das passt gut in die Region, in der nahezu jeder zumindest einmal im Leben gegen Kernkraft demonstriert hat. Das seit 2011 stillgelegte Atomkraftwerk Krümmel bei Geesthacht war der Feind, am Tor zum alternativ geprägten Wendland formierte sich der bürgerliche Protest. Auch Renata Wendt ist dabei, die damals noch kleinen Kinder Markus und Maren im Schlepptau. Ihr Kastenwagen ist mit Klatschmohn und Rittersporn bemalt, sie ist Mitglied in einer ökologischen Einkaufsgemeinschaft, leitet eine Theater-AG in der Schule ihrer Kinder, sie entwirft Flyer für die Protestbewegung, es könnte gut sein, dass in jenen bewegten Jahren die Pflichten einer umsichtigen Hausfrau auf ihrer Prioritätenliste nachgeordnet sind. »Ich gehöre zu den Typen, die beginnen mit dem Pflanzen von Kartoffeln, wenn sie Hunger haben.« Die

Ehe beginnt zu kriseln, auch im Beruf als Grafikdesignerin hakt es mehr und mehr. »Ich musste mit meinen Zeichnungen für Sachen werben, die ich nicht gut fand.« Zucker etwa. Dann die gegensätzlichen Wünsche von Artdirektoren, Auftraggebern und Redaktion, die an ihr zerren. Schließlich die nagenden Selbstzweifel: »Was ich damals gemacht habe, war total konventionell, von der Natur abgeguckt.« Der Beruf wird zur Zwangsjacke, irgendwann überfällt sie die Angst vor dem weißen Papier. Sie weicht auf braunes Packpapier aus, aber auch diese List hilft nicht weiter. Da steigt sie ganz aus und kündigt erst den Job, dann die Ehe.

Die nunmehr alleinerziehende Mutter arbeitet zunächst als Hilfspflegerin, gibt dann Kurse an der Volkshochschule in Zeichnen und Kalligraphie. Die Abfindung aus der Ehe wird in ein altes Bauernhaus in Krukow gesteckt, in dem es an vielen Ecken bröckelt. Durch Zufall entdeckt Renata Wendt den Werkstoff Lehm. Zunächst spachtelt sie Löcher zu, dann baut sie sich Stein für Stein ein neues Leben auf.

Neues erschaffen, Altes bewahren

Kaum jemand baut seinerzeit mit Lehm, da macht die Autodidaktin sich daran, den alten Werkstoff neu zu entdecken. Seitdem treibt sie die Leidenschaft voran, körperliche Beschwerden werden weggelacht. Ihre Hände sind vom Eintauchen in kaltes Wasser und vom Arbeiten an nasskalter Luft rheumatisch angeschwollen, aber das bekümmert sie nicht. »Wenn ich in Bewegung bin, merke ich nichts.« Renata Wendt hat mit Mitte 40 endlich den Werkstoff gefunden, der für alles steht, was ihr wichtig ist: Sie kann Altes bewahren, Neues erschaffen, ihre Kreativität ausleben und das alles mit natürlichem Material. Also will sie Nägel mit Köpfen machen und das Fach Lehmbau studieren. Aber ein solches Studienfach existiert damals noch nicht. Also eignet sie sich an, was man wissen muss, studiert die Bücher von Lehmbauexperten und legt los. Sie arbeitet mit beim Dachverband Lehm und gründet später auch noch ihren eigenen Betrieb, die »Lauenburgische Lehmwerkstatt Renata Wendt«: »Meine Firma habe ich an einem 1. April gegründet, wenn es nichts geworden wäre, hätte ich gesagt, das ist ein Aprilscherz.« Es wird kein Scherz, denn der Zeitgeist, der zunehmend wieder auf Nachhaltigkeit setzt und gesunde Baustoffe wiederentdeckt, spielt ihr in die Hände. In ihren besten Zeiten gehören drei Fahrzeuge zum Fuhrpark der Werkstatt, Renata Wendt beschäftigt sieben Angestellte.

2005 kommt ein besonderer Einsatz: Bei Schleswig wird das Wikingerdorf Haithabu erweitert, hier schlägt ihre große Stunde. Renata reist mit dem Lastwagen an und stellt ihren Bauwagen auf. Sie baut einen Hühnerstall, mischt Lehm mit Kuhdung. Sie baut Häuser, mischt Lehm mit Seegras. Jeder Nord- oder Ostseeurlauber kennt das graue unscheinbare Zeug, das auf dem Meeresboden wächst, bei heftigem Wind am Strand angeschwemmt wird und bei sommerlicher Hitze übel riecht. Dass es ein wertvoller Werkstoff ist und sich ideal zum Mischen mit Lehm eignet – wer wusste das noch? Auch darin wird sie Expertin: die erste Fuhre, die ihr angeboten wird, steckt voller Splitter und Dreck. Sie lehnt die Ladung ab und forscht weiter nach Lieferquellen. Dann hört sie über einen befreundeten Ornithologen von guten Beständen in Dänemark und steckt den Mann mit ihrer Begeisterung an. Heute ist eben dieser Ornithologe Unternehmer in Sachen

Seegras, betreibt eine eigene Firma, und die Lehm-Enthusiastin hat ihm gleich noch wichtige Verwertungshinweise vermittelt: »Das Gras darf nicht verzupft werden, dann hält es länger.« Seegras dämmt und ist nicht entflammbar, genau wie Lehm – im Verbund sind beide Materialien ein idealer Werkstoff gerade für alte Häuser mit dicken Holzbalken und Reetdach. Jeweils im Frühjahr reist Renata Wendt nach Haithabu und kontrolliert, ob ihre Arbeit den Winter überstanden hat. Wenn Besucher kommen und sie vor Ort zeigen kann, wie etwa Risse im Lehmofen ausgebessert werden, ist sie in ihrem Element.

Zurück in die Gasse nach Lauenburg, in das Fachwerkhaus mit den unverglasten Fenstern, das einst einem Gürtlermeister gehörte. »Der schmiedete früher die Eisenringe, mit denen Fässer eingefasst wurden.« Fässer mit Salz, die entlang der berühmten Salzstraße über Lübeck bis nach Schweden

transportiert wurden. In den 80er Jahren kauften Freunde das verfallene alte Häuschen für einen Spottpreis und überließen es Renata Wendt gegen eine Anzahl ihrer Bilder. Mittlerweile gehört es ihrem Sohn Markus, der seit vielen Jahren staunt, was seine Mutter unter »Altersruhesitz« versteht.

Magdalena und Tabea mauern eifrig an einer halbhohen Wand, die Grubenlampe blakt. Jahrzehntelange Arbeit für einen Traum, der sich an diesem grauen Wintertag im außen gelegenen Badehäuschen manifestiert. Die Bauherrin stapft in ihren lehmbeschmierten Schuhen drei Schritte über den Hof, öffnet die Tür: »Hier soll eine Badewanne hin«, erläutert sie. »Und dort eine Dusche!« Zurück im Haus verweist sie stolz auf die steile Treppe, die sie in den vergangenen Monaten um einen Absatz verbreitert hat. »Jetzt kann man sich drehen und einen Koffer nach oben tragen.« Als sie die Baustelle übernahm, waren allerlei Hässlichkeiten vergangener Jahrzehnte dort versammelt, von Betonfußboden bis Ornamenttapete. Jetzt gibt es immerhin eine Ahnung vom luftigen Stadthaus aus Lehm. Als letztens das Fernsehen kam, um einen Film über sie zu drehen, wurde im ersten Stock ein rotes Zelt aufgestellt, um die erste Übernachtung ins Bild zu bringen. Wurde dann wegen schlechten Wetters leider nichts draus. Das Zelt ist wieder abgebaut, die ewige Baumeisterin renoviert weiter und freut sich fast, wenn ein weiterer Stolperstein auftaucht. Zurzeit gibt es Probleme mit der Abwasserentsorgung.

Ich habe mittlerweile kalte Füße, und Renata Wendt zeigt ein Einsehen. Wir steigen in ihren Lastwagen mit dem Firmenemblem und wechseln in ihren Resthof im benachbarten Lütau, wo sie wohnt und ihr Büro betreibt. Lütau: wieder so eine Geschichte, die von Mut und Eigensinn erzählt. Eigentlich ist der Hof viel zu groß und viel zu marode, als er ihr angeboten wird, aber Renata Wendt sieht auch die schönen alten Balken und viele Wände, die auf Belehmung warten. Sie stockt ihren Bausparvertrag auf und überzeugt den Banker anhand eines gut gefüllten Auftragsbuchs davon, ihr einen Kredit zu geben. Zum Dank schreibt sie ihm in schönster Kalligraphie das »Desiderata«, ein Gedicht mit Lebensregeln, dessen letzte Zeilen von ihr selbst stammen könnten: »Strebe danach, glücklich zu sein.«

Auch auf dem Hof in Lütau lässt sich in vielen Entwicklungsstufen ablesen, was mal war und was mal sein wird. Bei Regen tropft es durchs Dach, die Risse sind vorerst mit Folien verkleidet. Bei der Einfahrt auf den Hof liegt rechts die ehemalige Jauchegrube, heute gereinigt und mit Lehm gefüllt. Im Schuppen steht die ehemalige Knetmaschine für Teig, heute werden damit Lehm und Sand im richtigen Mischungsverhältnis vermengt. Wenn sie genau wissen will, ob die Mischung stimmt, taucht Renata Wendt die Hand tief hinein in die Masse und schwärmt: »Mmmh, wie Mousse au Chocolat.« Lütau ist ein Abbild von Renatas bunter Welt, in der sich hochfliegende Träume mit handfester Arbeit verbinden. Hündin Gil, ihre treue Weggefährtin aus dem Tierheim, wird von den beiden jungen Helferinnen sicherheitshalber eingesperrt, die Hühner haben sich wegen Dauerregens im Stall verkrochen. Auf dem Weg zur Eingangstür versinken die Füße in Matsch. Aber ich blicke schon mit deutlich geänderter Einstellung auf die schmatzende Pampe: Vor der Begegnung mit Renata war das Dreck, jetzt ist es ein kostbarer Werk- stoff.

Die Tradition des Lehmbaus reicht 9000 Jahre lang zurück und ist heute noch in vielen Ländern verbreitet. In Marokko oder im Jemen erheben sich Paläste aus Lehm mitten in der Wüste. In Afrika werden Hütten damit beschichtet. In Deutschland war der Baustoff lange vergessen. Beton und Zement waren Trumpf. Ein Fehler. »Immer, wenn es keine Rohstoffe mehr gab, nach Waldbränden, nach Kriegen, empfahlen die Experten: Besinnt euch auf den Lehm!« Die Mischung aus Ton und Sand, die auch gröbere Bestandteile wie Schotter enthalten kann oder Beimengungen wie Kuhdung, ist ein wunderbarer Baustoff. Renata Wendt zählt die Vorteile auf:

Lehm kann relativ schnell Luftfeuchtigkeit aufnehmen und diese bei Bedarf wieder abgeben. Dadurch reguliert er die Feuchtigkeit der Raumluft und trägt zu einem gesunden Raumklima bei. Lehmwände reduzieren das Austrocknen der Schleimhäute, verringern die Feinstaubbildung und wirken vorbeugend gegen Erkältungskrankheiten. Lehm benötigt bei der Aufarbeitung im Gegensatz zu anderen Baustoffen sehr wenig Energie, Lehm ist unbegrenzt wiederverwendbar, Lehm konserviert Holz und bindet Schadstoffe, und Lehm kann auf ökologische Weise entsorgt werden. Ich atme tief durch. Tatsächlich, in der großen Küche in Lütau scheint die Luft frischer, das Atmen leichter. Renata Wendt mahlt mittlerweile Kaffee, selbstverständlich mit einer alten Kaffeemühle, nicht mit der Maschine. Auch das Haus in Lütau ist genau genommen eine Wunderkammer mit Trouvaillen aus vielen Jahrhunderten.

Der Blick der gelernten Grafikerin saugt sich fest an Fundstücken, sie kann sich darüber freuen wie ein Kind: Die Türen mit den Hagebutten-Malereien, die sie im alten Gürtlerhaus vorfand und nun mit den Werkstudentinnen restaurieren will. Woher die wohl stammen? Auf dem Dach ihres Häuschens in Lauenburg machte sie unter den Dachsparren zwei

Ruderblätter aus, die wohl zu einer Galeere gehörten – ist diese Art der Dämmung nicht eine höchst kreative Zweitverwertung? Recycling ist ihr Steckenpferd: ein ausrangierter Schweinetrog dient dazu, ein Kanalisationsrohr abzudecken.

Der Wasserkessel dampft, Renata Wendt fällt zum Thema Wiederverwertung gleich noch eine Geschichte ein. Als ihre Tochter Maren noch klein war, wurde sie in der Schule nach ihrem Geburtstagsgeschenk gefragt: »Eine alte Nähmaschine vom Sperrmüll«, sagte das Kind und hatte Glück mit seiner einfühlsamen Lehrerin, die in dem ausrangierten Stück nichts Wertloses sah: »Bring die doch mal mit, damit wir darauf nähen können.« Die Kinder leben weit entfernt – in Marburg die Tochter, die im Denkmalschutz arbeitet, in Südschweden Sohn Markus, der Arzt geworden ist. Wenn alle zu Besuch kommen, wird gestaunt und geholfen – aber niemals reglementiert. Das würde auch nichts bringen, denn das bedächtige Bauen und Bewahren hat ja System. Immerhin: Die Lehmwand hinter der Küchenbank hat sie mal weiß gestrichen, seinerzeit Renatas alter Mutter zuliebe. »Wirst du denn nie fertig?« fragte die. »Nein, Murmelchen, ich werde nie fertig.« Längst ist dieser Spruch ihr Markenzeichen: »Ich bin die Alte, die nie fertig wird!«

Die Grande Dame ihrer Zunft

Sie braucht die Betriebsamkeit, diesen Gegensatz von übermütigen Träumen und handfester Arbeit. Träumen konnte sie schon immer gut, das Arbeiten mit Lehm, die Verantwortung für den Betrieb und den Erhalt einer alten Handwerkskunst sorgt nun für die nötige Erdung. Renata Wendt braucht

auch ihre Kundschaft und die anderen Lehmbau-Begeisterten, die manchmal auf einen Kaffee bei ihr klingeln. Einsam mögen andere sein, sie ist längst die gefeierte Grande Dame ihrer Zunft, auf Messen eine begehrte Ratgeberin. Auch in dem Dörfchen Lütau hat ihr Wort Gewicht. Wenn es darum geht, der Kirche eine Fußbodenheizung zu verpassen, winkt sie ab. Das verfälscht doch nur den Charakter des Baus. Auch in ihrem Bauernhaus setzen Heizkörper vor allem optische Akzente. Für Wärme sorgt der Ofen.

Ihre beiden Werkstudentinnen haben mittlerweile Butterbrote ausgepackt und wollen auf dem Smartphone ein selbst gedrehtes Video zeigen. Film ab also für eine Kurzeinweisung in den Lehmbau, gesehen mit den Augen der jungen Generation. Tabea steht in einer Szene mit breit aufgestellten Beinen auf dem Rost der Lehmgrube, Magdalena erläutert die fertige Mischung auf dem Transportwagen. Folgt die Zwischenzeile: »… 1000 Jahre später …« Ein freundlicher kleiner Querverweis auf die Arbeitsweise der Chefin. Tabea und Magdalena kichern, Renata Wendt schenkt den Kaffee ein. Wenn sie spricht, fliegen die Kapitel ihres Lebens hin und her, gelegentlich kommt sie vom Hölzchen aufs Stöckchen. Dabei ist sie ständig in Bewegung, die blauen Augen blitzen unter dem lässig geschlungenen Turban hervor. Diese Unternehmerin, die so anders ist als andere, hat etwas Entwaffnendes. Aber man sollte sich nicht täuschen: Aufträge erledigt sie prompt, Tausende Baustellen in drei Jahrzehnten waren es wohl, unzählige Tonnen Lehm hat sie verbaut, auch im offiziellen Ruhestand gibt es viel zu tun. Von »Fledermausgauben« ist die Rede, die sie mit Tabea und Magdalena in einem alten Haus ausbauen will, im Frühjahr soll sie ihre Lehmbauweise im Freilichtmuseum auf dem Kiekeberg bei Harburg vorstellen. Kinder sind ihre größten Fans, was wohl am Matsch liegt, wovor Eltern gemeinhin warnen und der sich unter den Händen von Renata Wendt in wertvollen Baustoff verwandelt.

Bleibt die Frage nach dem Lauenburger Kleinod im ewigen Dornröschenschlaf. Warum holt sie nicht öfter Handwerker hinzu, warum setzt sie sich keinen Fertigstellungstermin? »Ich sehe keinen Sinn im Fertigwerden«, sagt sie schlicht. Außerdem: wenn erst brachiales Baugerät anrückte, fiele womöglich alles zusammen. Renata Wendt sieht auch keinen Sinn in einem ruhigen Rentnerinnenleben: »Da fehlt die Reibung, die Auseinandersetzung.« Ihr Leben ist ein lebendiger Prozess aus Sammeln, Mauern und Staunen, und am liebsten wäre ihr, alle Welt staunte mit. Die einzelnen Gewerke ihres Tuns möchte sie Besuchern in allen Entstehungsstadien vorzeigen können. Wenn man so will, stemmt sich Renata Wendt gegen den Zeitgeist, der die alten Handwerkskünste abdrängt, der auf Gewinne schielt und ständig aufs Tempo drückt. »Die Geschichte rast an uns vorbei, da ist nichts mehr, was man haptisch anfassen kann.«

Die Hand mit den lehmbesprenkelten Fingern, denen man so gern Wärme gönnen möchte, streicht über die Hauswand. Draußen auf dem Hof liegt ein großes Reisigbündel, das hat sie aus Haithabu mitgebracht. Wegwerfen ist nicht ihr Ding. Vielleicht baut Renata einen Zaun daraus, denn ihr nächstes Projekt steht schon fest: Ziegen will sie halten. Einige Schafe besaß sie schon, die haben leider die Obstbäume angefressen. Aber jetzt muss sie schnell noch die Geschichte vom »Maulfett« erzählen, eine weitere Strophe im Loblied auf den Lehmbau. Man stecke also einen Nagel in den Mund, benetze ihn ordentlich mit Spucke, dem Maulfett, und drücke diesen dann in eine Lehmwand. Renata Wendt erläutert kurz den chemischen Prozess, aber genau genommen ist es ja sowieso ein Wunder: »Da können Sie gegentreten, ein Nagel, der in einer Lehmwand steckt, fällt nie mehr raus.« Sie grinst. Schon wieder einen Dübel gespart, schon wieder ein Stück Plastik weniger verwendet! Der Hund bellt, die Hühner gackern und scharren im braunen Grund. Gleich geht es weiter, im Nachbardorf klagt ein Bauherr über schlechtes Raumklima, das wird sich doch wohl ändern lassen. Die ewige Baumeisterin steht in der offenen Tür und winkt. Sie wird weitermachen, solange es geht, denn glücklich ist, wer nie anfängt, aufzuhören. Und nie aufhört, anzufangen.

www.dachverband-lehm.de

ISS MAL WAS
FÜRS KLIMA
LUEG

Jan Bredack
Spurwechsel

Wie der frühere Auto-Manager mit seinem Unternehmen »Veganz« zum Apostel der veganen Bewegung wurde

SWITCH Erfolg haben und dabei die Welt verbessern

Was zuerst auffällt, sind die Schuhe. Die sind gewittrig gelb und geben sich keine Mühe, mit dem sonnengelben T-Shirt zu harmonieren. Bunte Schuhe sind sein Markenzeichen, die trägt er selbst zum schwarzen Anzug. Alle sind vegan gefertigt, also frei von Leder, denn ein Prediger der veganen Bewegung muss da Vorbild sein. Das mit dem Vorbild ist nur eine Herausforderung von vielen, die Jan Bredack (48) auf seine breiten Schultern geladen hat. Der Gründer und CEO von Veganz, dem ambitionierten Unternehmen für vegane Artikel, empfängt in seinem Büro an der Revaler Straße, da, wo Berlin besonders rau und grau ist – ein stattlicher Mann mit leichtem Bauchansatz, der das Klischee vom drahtigen Fleischverächter Lügen straft. »Ich esse zu viele Kohlenhydrate, vor allem Nudeln«, erklärt er freimütig, wie er überhaupt alle Fragen so lässig beantwortet, als seien Pressesprecher, die jedes Statement penibel kontrollieren, nur etwas für Kleingeister. Die Sache mit dem Vorbild klappt leider nicht immer, aber dazu später.

Die Annäherung an einen Interviewpartner erfolgt meistens über Artikel, Bücher, Youtube-Auftritte. Am besten aber lernt man ihn kennen, wenn man sein Wirkungsfeld erlebt. Das von Jan Bredack liegt um die Ecke seines Büros in der Warschauer Straße und ist ein zweistöckiges Kaufhaus, exklusiv für vegane Produkte. Der Firmenname »Veganz« steht in großen Lettern über der Tür, über dem V formt sich ein Herz. Im Laden geht es entspannt zu – es gibt eine heiße Theke mit veganen Gerichten, die auf Warmhalteplatten liegen. Dazu diverse Smoothies, auch Kaffee und Tee. In den Regalen liegt alles, was das Herz des Veganers erfreut: Zucker aus Kokosblüten, vegane Seifenstücke zum Haarewaschen, Tofuwürstchen, Grünkohl- und Wirsingchips, vegane Brotaufstriche, vegane Schokolade, sogar die Currywurst lockt als fleischfreie Variante. Im ersten Stock befindet sich ein Schuhgeschäft mit vegan gefertigten Schuhen, die sich weich anfühlen, fast so wie Leder. Daneben ein Sushi-Restaurant, das am frühen Nachmittag nur schwach besucht ist. Die Verkäufer, überwiegend Frauen, sind jung. Ein Tempel, wenn man so will. Aber einer ohne Hohepriester und Schwellenangst. An der Kasse weicht das lässige Einkaufserlebnis einem betretenen Staunen: Preiswert ist hier kaum etwas. Am teuersten erweist sich ein Weichkäse, der mit knapp zehn Euro zu Buche schlägt.

Zurück ins Büro mit dem Stehpult, wo der Chef jetzt knusprige vegane Kekse des eigenen Labels reicht, die an Butterkekse einer bekannten Marke erinnern, aber in die sich garantiert kein Ei verirrt hat, von tierischem Fett ganz zu schweigen.

Jan Bredack wäre die Idealbesetzung für die Geschichte einer Heldenreise, in der sich der Protagonist aufmacht, ein großes Ziel zu erreichen, unterwegs auf Widersacher trifft,

Niederlagen einstecken muss, Irrwege geht, aber immer wieder aufsteht. Das betriebswirtschaftliche Ziel von Bredacks Reise ist eine solide aufgestellte Firma. Das idealistische Ziel ist eine bessere Welt, in der kein Nutztier mehr leiden muss, in der weniger Treibhausgase in die Atmosphäre entweichen und weniger Gülle die Böden vergiftet, in der die Menschen nicht mehr an Allergien leiden und keine exotische Frucht mehr rund um den Globus kutschiert wird. Kurz: Eine vegane Welt. »Gut für dich, besser für alle«, lautet das Firmenmotto. Er selbst hat sich auf dem Planeten Vegan neu erfunden, deshalb führt er seine Philosophie gern noch weiter aus: »Wir müssen umdenken, wenn wir als Menschheit überleben wollen. Der erste Schritt ist eine gesunde und ethische Ernährung. Sie ist der Schlüssel zu einem anderen Bewusstsein.« Die Armbanduhr piept, eine Erinnerung an ferne Zeiten, als seine Tage noch im Minutenrhythmus durchgetaktet waren. Beiläufig stellt er den Warnton ab. Heute arbeitet Jan Bredack immer noch viel, aber in einem selbstbestimmten Rahmen.

Ist es nicht anstrengend, ständig auf der Seite der Guten, der Weltverbesserer zu sein? Die Antwort kommt prompt: »Ja, das ist es.« Kontrollen lauern überall, Neider sowieso, die sozialen Netzwerke puschen auch den kleinsten Makel. Am besten hilft da noch Ehrlichkeit: Yoga etwa, in der veganen Community sehr beliebt, ist nicht sein Ding. Außerdem, so räumt er ein, esse er gern vegane Süßigkeiten: »Ich weiß, wie man es richtig macht, bin aber kein Vorbild, was vegane Ernährung angeht.« Immerhin, wenn der Energielevel zu sinken droht, stellt er seine Ernährung wochenweise auf Rohkost um. Geraspelte Möhren, Smoothies und Salate geben ihm Kraft, Alkohol trinkt er schon lange nicht mehr.

Die Heldenreise des Jan Bredack, Jahrgang 72, beginnt in Salzwedel, einer kleinen Stadt in der früheren DDR. Seine Kindheit ist belastet. Die familiäre Atmosphäre ist von Gewalt geprägt, der Jähzorn des Vaters, der zunächst als Russisch-Dolmetscher arbeitet und später Stasi-Agenten ausbildet, vergiftet auch die Ehe. Jan meidet sein Zuhause, schon mit sieben oder acht Jahren bleibt er tagelang weg, schläft in Hausfluren, im Gebüsch oder baut sich im Wald eine Höhle. Einmal läuft er zusammen mit seinem kleineren Bruder davon, es ist Winter, die beiden verstecken sich im Park. Ob die Eltern sie suchen würden? Vermissen gar? Die Hoffnung der Geschwister erfüllt sich nicht. Zurück zu Hause gibt es nur weitere Prügel. Er ist 13, als er sich dem tobenden Vater das erste Mal entgegenstellt. Mit 17 beginnt der Halbwüchsige eine Lehre als Kfz-Mechaniker, da ist er auch schon mit seiner Freundin und späteren Frau Diane zusammen, mit der er drei Kinder haben wird. Autos sind seine Leidenschaft, gleich nach der Wende bewirbt er sich bei Mercedes. Mercedes: Da wollen sie alle hin. Sechs Bewerbungen an verschiedene Standorte schickt er raus, es soll, es muss klappen! Der Feuereifer des Jan Bredack kommt gut an, die vielen Bewerbungen fallen auf und werden weitergeleitet. Als er zum Gespräch eingeladen wird, stapeln sich seine Anschreiben auf dem Tisch, und er hat den Job. Mercedes gibt ihm die Chance zum Aufstieg, und der Junge aus dem Osten nutzt sie. Mit 36 ist er ganz oben. Hat seinen Meister gemacht, danach noch ein BWL-Studium an der Technischen Universität in Berlin begonnen. Getrieben von diesem unbändigen Ehrgeiz, den sein Vater in ihn hineingeprügelt hat. Immer der Beste sein zu wollen, der Erste, auf keinen Fall aufzugeben. Das Verrückte: Das erfolgreiche Leben, für das er so hart gearbeitet hat, fühlt sich nicht glücklich an. In seinem Buch »Vegan für alle« liest sich das so: »Ich war 36 Jahre alt und verantwortlich für einen Milliardenumsatz. Ich hatte einen luxuriösen Dienstwagen, ein repräsentatives Büro und einen persönlichen Parkplatz vor dem Haupteingang. Ich verdiente sehr viel Geld, hatte Macht und wurde respektiert.« Nachsatz: »Ich war am Ziel meiner Wünsche und ziemlich am Ende.«

Der Burnout kündigt sich 2008 mit psychischen Aussetzern an – der Topmanager Bredack kommt zu einem wichtigen Meeting um Stunden zu spät. Er sitzt wie paralysiert an seinem Schreibtisch und sieht einer Fliege beim Fliegen zu. Er fährt einfach mal so an den Gardasee, um sofort umzukehren, kaum dass er angekommen ist. Er steuert seinen Wagen mit hoher Geschwindigkeit auf der Autobahn und spielt mit dem Gedanken, das Steuer zu verreißen. Von seiner Familie, die in einer schicken Villa mit Pool geparkt ist, fühlt er sich abgekoppelt. Was seine Frau bewegt, was seine Kinder interessiert – er weiß es nicht. Jan Bredack fühlt sich wie ein Fremder im eigenen Haus.

Auf einem Meeting, wo sich die Hochleister vor dem Kamin treffen, »Buddying« heißt das in der Branche, fällt ihm eine Hostess auf. Es ist der berühmte Blitz, die Liebe auf den ersten Blick: Juliane gibt seinem trudelnden Leben wieder Halt. Mehr noch: Juliane ist Vegetarierin, raucht nicht, trinkt keinen Alkohol. Sie öffnet dem Mann auf der Überholspur, der Vegetarier und Veganer bisher für realitätsferne Spinner gehalten hatte, eine neue Welt. »Zu jener Zeit«, schreibt Bredack, »hatte mich das Leben beruflich und privat schon aus der Kurve getragen. Der Topmanager war an seine Grenzen gestoßen. Der Ehemann und Vater stand vor den Trümmern seines Familienlebens. Es war eine Zeit radikaler Umbrüche: »Ich wechselte den Job, ich verließ meine Frau, ich krempelte mein Leben von Grund auf um. Dabei kam mir zugute, dass ich schnell Entscheidungen treffen kann. Ohne es zu wissen, hatte ich bereits an der Schwelle zu einem anderen Leben gestanden.«

Das alte Leben macht ihm den Abschied leicht. Der schwächelnde Manager wird »weggelobt«, eine vermeintlich elegante Art, Mitarbeiter ohne Gesichtsverlust loszuwerden. Wie wäre es etwa mit der Geschäftsführung eines kleinen Autohauses? Oder mit einem Job in Rumänien? »Ich fühlte mich gedemütigt und erniedrigt, und irgendwann war ich so weit, den Konzern von mir aus zu verlassen«, schreibt Jan Bredack in seinem Buch. »Da bekam ich das Angebot, nach Moskau zu gehen.« In der russischen Hauptstadt soll er das erste Nutzfahrzeugwerk von Mercedes aufbauen, er wird dort

vorübergehend noch einmal die Segnungen eines erfolgreichen Managerlebens erleben – die Villa, für die er im Monat Tausende an Dollar Miete zahlt. Die Feste, auf denen Wodka und Kaviar gereicht werden. Aber die letzte Etappe seiner Karriere schmeckt schon schal. Innerlich hat er bereits gekündigt. Bredack beginnt, sich konsequent auf sein neues Leben vorzubereiten. Er ernährt sich jetzt schon vorwiegend von Rohkost, meidet Alkohol, auf einem Geburtstagsfest bietet er den erstaunten Kollegen und Kolleginnen ausschließlich Gemüsesäfte an. Dann die Idee: Jemand müsste eine Art Bioladen für Veganer eröffnen. Jemand? Wer, wenn nicht er, Jan Bredack! Der Mann, der keiner Herausforderung aus dem Weg geht! Neben seinem Moskauer Job recherchiert er vegane Sortimente, fliegt nach Skandinavien und Los Angeles, besucht Messen für Lebensmittel und Bioprodukte. Er stellt Businesspläne auf und kontaktiert Banken. Ernüchternde Erkenntnis: Einen Supermarkt zu eröffnen erfordert noch mehr Know-how als das Führen eines Restaurants – und kapitalintensiver ist es auch.

Der Mann aus dem Osten, der vorübergehend auch mal Hunde züchtete und mit seiner ersten Frau einen digitalen Postkartenversand und später einen erfolgreichen Online-Ticketversand für Musicals startete, dieser Macher mit dem Händchen für neue Geschäftsideen startet sein größtes Wagnis. Er betritt einen anderen Planeten, den veganen. Hier gibt es kaum gebahnte Spuren, stattdessen Missionare eines besseren, veganen Lebens, denen jede Art von Gewinnstreben höchst verdächtig ist. Jan Bredack nimmt die Herausforderung an. Vegan also. Und zwar mit voller Kraft. Erstens ist das mittlerweile seine Überzeugung, zweitens das Erbe des überstrengen Vaters: »Sobald ich etwas anfange, mache ich es richtig. Bis heute mache ich keine halben Sachen, weil ich Vaters Anspruch erfüllen musste, der Beste zu sein.«

Die Vision von einem besseren Leben

Silvester 2008 fährt er mit seiner zweiten Frau und zwei Söhnen ins Riesengebirge. Tagsüber ist die Patchwork-Familie auf Skiern und Snowboards unterwegs, am Silvesterabend gehen sie in ein Restaurant und bestellen gebackenen Camembert mit Preiselbeeren. Es sollte das letzte Mal sein, dass Bredack und seine Partnerin Käse essen. Kurz vor Mitternacht steigen sie in ihren Mercedes-Geländewagen, fahren den Berg hinauf, zünden ein paar Raketen – und begrüßen das Jahr 2009 als Veganer.

Das zweite Kapitel von Bredacks Heldenreise beginnt. Auch hier wird es Höhenflüge geben, die mit tiefen Tälern wechseln. Vegan zu leben bedeutet, auf Fleisch zu verzichten, klar. Aber auch auf alle Lebensmittel, in denen Milchprodukte und tierische Fette und Eiweiß verarbeitet werden, also Rohmilchkäse, Sahnetorte, Joghurt, Quark, Vollmilchschokolade, Butter. »Allein die Herstellung von 500 Gramm Butter setzt fast zwölf Kilo CO_2 frei«, referiert Bredak freihändig, »um die gleiche Menge CO_2 mit dem Auto zu produzieren, müsste man rund 100 Kilometer fahren.« Wer ein Unternehmer auf dem Planeten Vegan werden will, der muss sich auch mit der Tierqualhaltung konfrontieren. Mit Kühen, die beim Verladen mit Elektroschocks gequält werden, die in künstlicher Schwangerschaft gehalten werden, damit sie mehr Milch geben. Mit Schweinen, die in winzige Kojen gepresst werden und nie das Tageslicht sehen. Er muss sich mit dem Verpackungsirrsinn auseinandersetzen, mit der Plastikschwemme und nicht zuletzt mit langen Transportwegen – Lkws verpesten die Luft, Schiffe verschmutzen die Meere. Wenn irgend möglich, sollte er auch in all diesen Bereichen ein Vorbild sein. Also umweltbewusst leben, Plastik vermeiden und ein Elektroauto fahren. Trotzdem bleiben noch die Skeptiker, für die ein veganes Leben auch eine Protesthaltung gegen den Kapitalismus bedeutet und die oft genug feindselig beobachten, wenn einer wie Bredack die Bewegung auch unternehmerisch nutzt.

Aber der Reihe nach: Der erfolgreiche Manager, der beschlossen hat, ein gutes veganes Leben mit den Gesetzen des Marktes zu verbinden, der ein Vorbild sein, aber trotzdem erfolgreich wirtschaften will, eröffnet am 23. Juli 2011 seinen ersten veganen Supermarkt, Veganz in der Schivelbeiner Straße in Berlin. Woher der Name? Der Chef grinst: »Eine Verbindung aus Vegan und Eleganz – ich wollte ein Einkaufserlebnis schaffen.« Der Mann, der es gelernt hat, die Ärmel aufzukrempeln, hat Zulauf von Kunden wie Mitarbeitern – schnell hat er 20 Leute mit bunten Lebensläufen eingestellt. Verarmte Studenten und in Berlin gestrandete Glückssucher sind unter ihnen, Quereinsteiger mit vielfach gebrochenen Lebensläufen, eine Amerikanerin ohne Aufenthaltsgenehmigung.

»Je dramatischer die Lebensgeschichte, desto größer meine Bereitschaft, dem- oder derjenigen eine Chance zu geben. Ich hatte keine Ahnung vom Einzelhandel und meine Mitarbeiter auch nicht. Etwas zugespitzt könnte ich sagen: Wir hatten uns alle lieb, aber das war es auch schon.« Um neun Uhr morgens öffnet der Laden, wenig später wird er von neugierigen Kunden gestürmt. Der Chef ist im Rausch – er braucht nicht zurück zu seiner ungeliebten Tätigkeit nach Moskau, er hat eine neue Existenz!

Bredack verhandelt in seiner alten Firma um eine Abfindung. Ein letztes Mal fährt er nach Moskau, um sein Haus auszuräumen, und erlebt, wie bitter es sich anfühlt, wenn eine Erfolgsstory vorbei ist: Der Schlüssel seiner Villa ist bereits einkassiert, die Einrichtung in einem Lager untergestellt, viele Dinge fehlen. Einige der Kollegen, mit denen er bis dahin gut zusammengearbeitet hatte, lassen sich verleugnen. Seine Frau sitzt deprimiert im Hotel. »Aus der schönen heilen Hochglanzwelt waren wir abgestürzt ins Nichts. So geht das, wenn man im System nicht mehr mitspielt.« Letztlich gibt ihm die Vertreibung aus dem vermeintlichen Paradies den Anstoß, sein Leben neu auszurichten.

Veganz also. Das Baby muss laufen lernen und zwar schnell. Und da er alles, was er anpackt, groß denkt, sieht er die Republik schon mit veganen Läden zugepflastert. Einige eröffnet er auch, aber der Rückschlag lässt nicht lange auf sich warten. Der vegane Lebensstil wird populärer, die großen Ketten wittern ein Geschäft, schnell gibt es vegane Produkte auch in Supermärkten wie Rewe und Edeka. Der erste Höhenflug des Unternehmers Bredack endet unsanft. Die Läden tragen sich nicht, er muss die meisten wieder schließen, betreibt heute nur noch drei in Berlin. Die Branche klebt ihm dafür das Verlierer-Prädikat an die Stirn, was – das muss er mit vielen Gegendarstellungen beweisen – bei einer Plan-Insolvenz so nicht stimmt. Jan Bredack richtet sich neu aus. Er produziert und vertreibt jetzt selbst unter seiner eigenen Marke Veganz. Und er bleibt der Junge, der viel wagt, um zu gewinnen. 2012 pachtet er in der Warschauer Straße ein heruntergekommenes Gebäude, das schon länger leer steht. »Ich bin das große

Risiko eingegangen und habe das ganze Ding übernommen. Über 700 Quadratmeter. Ich wollte dort einen veganen Einkaufstempel errichten.« Über eine Millionen Euro setzt er ein. Ist das Konzept aufgegangen? Der Unternehmer lächelt: »Ja. Hundertprozentig.«

Veganz ist mittlerweile eine eigene Marke mit 160 pflanzlichen Lebensmitteln wie Süßwaren, Snacks, Backhelfern, Proteinen, veganen Fleisch- und Käsealternativen bis hin zu Pizza. Die Produkte sind in 28 Ländern in mehr als 17000 Standorten erhältlich. Die Reis-Snacks haben bereits eine kompostierbare Innenfolie, die sich von allein zersetzt. Und wenn schon Kunststoff verwendet wird, dann möglichst recycelter. Auch beim Vertrieb lernt der Entrepreneur ständig hinzu. Gewisse Superfoods wie Chiasamen und Beeren, die er in seinem 2014 erschienenen Buch noch in den Himmel lobt, gehören wegen der langen Transportwege nicht mehr zum Sortiment. Aus den USA hat er sich zurückgezogen, dafür läuft Osteuropa gut. Wer wo wie viel Geld für Nahrungsmittel ausgibt, ist eben unterschiedlich. Die Deutschen sind Sparfüchse, haben gerade beim Kauf von Lebensmitteln einen Igel in der Tasche. Und in Frankreich, jener genussliebenden Nation, wo Saucen gern mit Butter gebunden werden und nach jedem Menü die Käseplatte kreist, läuft es auch nicht so gut. Dafür sind die Skandinavier, die Österreicher und die Schweizer an einem veganen Lebensstil sehr interessiert.

Bleibt die inhaltliche Ausrichtung der Läden. So wie Bredack ein Überzeugungstäter ist und gleichzeitig ein Kaufmann, so will er sein Unternehmen frei halten von dogmatischen Strömungen. Natürlich gibt es Vertreter der reinen Lehre, die nachgemachte Produkte ablehnen. Er sieht das an-

ders: »Man muss die Menschen da abholen, wo sie nun mal stehen. Und wer darauf konditioniert ist, dass er im Sommer Würstchen und Hacksteaks grillen will, kriegt in unseren Läden genau das – nur ist eben kein Fleisch darin.« Er hat auch nichts gegen Kunden, die soeben noch beim Schlachter Steaks gekauft haben oder Lederhandschuhe und eine Pelzjacke tragen. Die Dogmatik gewisser Kreise ist nicht seins. Wohl auch, weil er die Intoleranz am eigenen Leib zu spüren bekam. Die Fensterscheiben seines ersten Ladens wurden von Kapitalismuskritikern eingeschlagen, seine Scheiben besprüht. Bredack: »Wenn wir ausgrenzen, werden wir nicht weit kommen. Wenn wir die vegane Lebensweise verbreiten wollen, funktioniert das nur über Offenheit.« Und über freundliche Überzeugungsarbeit. Längst ist der Sprinter, der auch die lange Strecke beherrscht, ein begehrter Redner auf Kongressen und in Talkshows. Wenn er im ZDF bei Markus Lanz sitzt, dann argumentiert er die Vertreterin der Fleischindustrie in Grund und Boden. Wenn er für Vorträge durchs Land reist, dann kennt er keine Scheu, seine persönliche Lebenskrise publik zu machen. Dass er dafür Vergleiche zu seiner ersten Branche zieht, wer will es ihm verdenken. Für seinen Burnout etwa findet Bredack das Bild eines hochtourig fahrenden Wagens, bei dem jemand von hinten die Karosserie anhebt: Die Räder drehen durch, der Fahrer gibt immer mehr Gas, aber kommt keinen Meter voran. »Viele denken, ein Burnout entsteht durch Stress und harte Arbeit. Ist aber nicht so: Wenn ich Anerkennung kriege, kann ich auch hart arbeiten.«

Weg mit den Hierarchien

Genau das macht den Unterschied zwischen seinem alten und seinem neuen Leben aus: »Purpose driven« nennt er sein Tun in jenem Berater-Jargon, der ihm immer noch flüssig von den Lippen kommt. Sinnbestimmt. »Mein Wertesystem ist anders. Meine Vision kann mir keiner nehmen.« Seine Vision ist nichts weniger als eine bessere Welt. Seit er erlebt hat, wie mit Leistungsträgern verfahren wird, sobald sie schwächeln, seit er selbst dazu angehalten wurde, Mitarbeiter zu »rasieren«, hat er sich einen Reim darauf gemacht, was Menschen dazu bringt, andere zu schikanieren und kleinzuhalten: »Wir sind arme Schweine. Arme Schweine, die arme Schweine essen. Daran sollten wir etwas ändern. Der erste Schritt dabei ist eine gesunde und ethische Ernährung.« Der zweite Schritt ist ein Miteinander, das nicht mehr auf Hierarchien, sondern auf Augenhöhe und Eigenverantwortung setzt. In seiner eigenen Firma hat Bredack auch an diesen Stellschrauben gedreht. Bei Veganz herrscht Vertrauensarbeitszeit. Keine Stechuhr, keine festgelegte Mittagspause, keine Angst davor, Fehler zu machen. Jeder sucht sich seinen Bereich, in dem er etwas bewirken will. Einmal in der Woche trifft sich das Team zum Mitarbeitergespräch. Manchen liegt dieses selbstbestimmte Arbeiten, anderen nicht. »Einige sind nach drei Wochen wieder weg.«

Logisch auch, dass die »Wertschöpfungskette«, wie er es nennt, allen Kritikern standhält: »Ich kann dafür garantieren, dass bei der Herstellung unserer Produkte keiner verloren hat. Keiner wird ausgebeutet, es ist kein Tier zu Schaden gekommen, aber auch kein Mensch. Das hat seinen Preis, deshalb sind unsere Produkte auch teurer als andere.« Derzeit liegen auf seinem Stehpult Pläne für einen kleinen, feinen Pop-up-Store am Kurfürstendamm. Aber genau genommen geht es in seinem unprätentiösen Büro mit dem leuchtenden Schriftzug »Für ein besseres Leben« Tag für Tag um nichts weniger als die Existenz: »Als Gründer hängt man mit allem drin. 80 bis 90 Prozent meiner Kapazitäten gehen drauf, um die Finanzierung der Firma sicherzustellen. Das schlaucht. Jeder will am Ende des Monats sein Geld haben, und das ist nicht selbstverständlich. Da darf nichts schiefgehen. Wenn ein Steinchen schief ist, kriegen wir schon arge Probleme.«

Letzte, womöglich etwas indiskrete Frage: Warum trimmt er seine Figur nicht wieder auf Linie? Die Antwort kommt prompt. Weil so ein bisschen Sport bei ihm nicht funktioniert. Es geht nur Hochleistung, so wie damals, als er Triathlet war – 80 bis 100 Kilometer Joggen in der Woche, dazu Fahrradfahren und Schwimmen. Manchmal ließ er seinen Sohn neben sich her laufen, der ihm die Wasserflasche reichen durfte. »Dafür schäme ich mich heute zutiefst.« Sieben Kinder hat er, fünf aus seinen beiden ersten Ehen mit seiner Jugendliebe Diane und seiner wichtigen Impulsgeberin Juliane. Zwei weitere brachte seine dritte Frau mit ein, mit der er seit sechs Jahren verheiratet ist. Nicht alle Kinder leben vegan, so geht es dem Propheten eben im eigenen Lande. Derzeit lässt Bredack einen besonders exklusiven Veganz-Camembert in einer kleinen Berliner Manufaktur produzieren. Zutaten sind Cashewkerne, Kokosöl, Salz, probiotische Kulturen. Nicht billig, leider, der Mercedes unter den Camemberts sozusagen. Wobei: Dieses Bild stimmt nun wirklich nicht mehr. Wenn schon der Vergleich mit einem Auto, dann bitte eines mit Elektroantrieb. Bredack lacht und sieht durchaus stolz dabei aus: »Wir gelten als der Tesla unter den Veganprodukten.« Wenn er abends sein Büro verlässt, um mit genau so einem Elektroauto Richtung Potsdam zu seiner Familie zu fahren, leuchtet ihm von der Mercedes-Niederlassung schräg gegenüber der Stern entgegen, der so lange sein erstes Leben begleitete. Manchmal beträgt die Entfernung zwischen zwei Planeten eben nur wenige Hundert Meter.

www.veganz.de

wege
aus der
einsamkeit
Ein langes Leben
soll Glück sein, keine Last!
www.wegeausdereinsamkeit.de

Dagmar Hirche

Ein langes Leben soll Freude sein!

Die Personalberaterin wollte sich mit ihrer Firma für eine gute Sache engagieren. Deshalb gründete sie vor 13 Jahren den Verein »Wege aus der Einsamkeit«. Was als Ehrenamt gedacht war, wurde zum Herzensprojekt. Heute ist die 64-Jährige vor allem Altersaktivistin und Mutmacherin für alte Menschen

SWITCH Es gibt nichts Gutes, außer man tut es

Es gibt leichthin gesagte Floskeln, die wirken schon schief, kaum dass sie im Raum stehen. Wenn jemand ältere Menschen gönnerhaft »Oma« und »Opa« nennt, etwa. So was sollte man in einem Gespräch mit Dagmar Hirche besser vermeiden, da kann sie nämlich schmallippig werden und ziemlich streng. Ebenso, wenn »altersgerechte« Handys empfohlen werden, die unförmigen Briketts ähneln. Oder wenn Jüngere den Älteren nicht zutrauen, online unterwegs zu sein. Und ungeduldig werden, weil die Einweisung ins E-Mail-Programm bei einer 80-Jährigen eben etwas länger dauert. Hirches prompte Ermahnung: »Haben Sie mal überlegt, wie oft Ihnen Ihre Mutter früher erklärt hat, wie man Schnürsenkel bindet? Und jetzt werden Sie ungeduldig, wenn Sie eine Onlineanwendung dreimal erklären sollen?«

Dagmar Hirche ist eine Kämpferin für die Alten in dieser

Republik. Eine Position, die ihr niemand streitig macht, denn was die Älteren denken und fühlen, was sie umtreibt und bekümmert, rangiert auf der politischen Agenda nicht gerade an vorderster Stelle. Dagmar Hirche will das ändern. Und sie ist genau die Richtige, um sich Gehör zu verschaffen, nicht mit Spruchbändern und Kampfparolen, sondern mit ihrer einmaligen Art. Es gibt diese Menschen, die immer gut drauf sind, so platzend vor Lebensfreude, dass sie fast schon verdächtig scheinen. Verkaufsgenies, wie man sie gelegentlich noch auf Hamburger Wochenmärkten trifft, wo die letzten Orangen verkauft werden, ein paar reife Bananen noch on top. Wer die resolute Hamburgerin erlebt, wenn sie beim »Senioren-Flashmob« im bunten Schanzenviertel die Bühne erklimmt und den Zuhörern einheizt, könnte sie genau in diese Ecke schieben. Betriebsnudel, Hans Dampf in allen Gassen. Was nur teilweise stimmt. Hirche hat kein Problem mit Bühnen, sie steigt auch auf Tische, wenn es der Stimmung dienlich ist. Nur hat sie nichts Materielles im Angebot, will auch niemanden zu Verkaufsabschlüssen treiben. Sie ist eine Mutmacherin für alte Menschen. Eine Ein-Frau-Organisation, die es sich zum Ziel gesetzt hat, Alte aus der Einsamkeit zu entführen, hinein ins Leben, wo doch noch so viel mehr wartet als der Schneewalzer im Altenheim.

Das erste Mal treffe ich sie in ihrem Büro in einem Hochhaus in Alsternähe. »Aulis Consult« steht an der Tür, das ist die Unternehmensberatung, in der sie als Geschäftsführerin tätig ist, sofern ihr das Ehrenamt noch Zeit lässt. Darunter firmiert der Verein »Wege aus der Einsamkeit«, dessen Gesicht sie seit 13 Jahren ist. In ihr Büro in der Lübecker Straße lädt sie regelmäßig ältere Menschen von 65 an aufwärts ein, um sie im kleinen Abc von Tablets und Smartphones zu schulen. Auf dem Stundenplan stehen wechselnde Lerneinheiten: Wie lade ich mir eine App herunter, wie leite ich eine Whatsapp weiter, wie finde ich mithilfe meines Smartphones die schnellsten Busverbindungen und, nicht zu vergessen: Wie richte ich mir eine App für einen Schrittzähler ein? Da sitzen sie dann, die silberhaarigen Eleven, wischen über ihr Display, seufzen, wenn etwas misslingt, und knuffen sich fröhlich in die Seite, wenn eine Whatsapp glücklich versendet wird. Viele kommen immer wieder, wohl auch, weil der Unterricht so völlig anders abläuft als früher in der Schule. Was nüchtern klingt, ist ein großer Spaß, denn Hirche spricht mit ihrer Kundschaft, wie ihr der Schnabel gewachsen ist. Fachchinesisch wird ausgeklammert, wenn eine alte Dame dreimal nachfragt, was eigentlich ein Browser ist und was bitte schön eine App, wird viermal geantwortet. Und wenn jemand aufgeben will, dann wird sie »fünsch«, wie man in Hamburg

sagt. Aufgeben gilt nicht. »Dann kommen Sie eben so oft wieder, bis Sie es verstanden haben!«

Nur allzu gern kommen ihre Schülerinnen und Schüler wieder, denn es ist ja ein Erfolgserlebnis, Freundin Gerda morgens mit einer Whatsapp zu begrüßen oder mit dem Smartphone zu stoppen, ob das Frühstücksei auf die Minute perfekt geraten ist. Und kostenlos sind die »Versilberer-Cafés« obendrein!

Mehr als 6500 Seniorinnen und Senioren hat Hirche mittlerweile in Hamburg und Berlin geschult, die Nachfrage ist kaum noch zu stillen.

Dagmar Hirche hat nach dem Schulabschluss Im- und Exportkauffrau gelernt und dann noch ein BWL-Studium angehängt. Sie sammelte Führungserfahrung in mittelständischen Unternehmen der Dienstleistungsbranche, leitete große Callcenter und verantwortete für eine französische Firma den Vertrieb von Warenkontrollen. Elf Jahre lang war sie Abteilungsleiterin für den Geschäftsbereich Indonesien, saß wegen der Zeitverschiebung schon morgens um sechs im Büro, weil sie nur dann in Ruhe arbeiten konnte. Seitdem ist sie eine Frühaufsteherin, ein früher Vogel, »Early Bird«: »Ich arbeite nicht gern nach 17, 18 Uhr. Das ist nicht meine Zeit. Meine Zeit ist die frühe Zeit.« Auf ihrem Facebook-Account postet sie jeden Tag wechselnde Vogelbilder mit launigen Kommentaren und freut sich über Likes von ihrem riesigen Schwarm an Followern. Wenn man Dagmar Hirche fragt, nach welchen Kriterien sie als Personalerin Mitarbeiter einstellt, kommt ihre Antwort prompt: »Mir war immer wichtig, dass mir der Mensch nichts vorgespielt hat. Dass er echt war. Der brauchte auch gar nicht perfekt zu sein. Ich brauche immer Menschen, die mit Begeisterung für etwas brennen.«

So wie sie ja selbst für ihre Sache brennt: »Als Jasagerin wäre ich nicht so weit gekommen. Mein Leitspruch ist immer: Traut euch!« Mit dieser Haltung legt sie auch eine Spur für weibliche Führungskräfte, die vor einem Jobangebot gern grübeln und abwägen, ob sie der Aufgabe überhaupt gewachsen sind. Solche Selbstzweifel sind Dagmar Hirche gänzlich fremd. Ihr Platz ist auf der Bühne, und zwar vorn an der Rampe: »Wenn ich heute von einem Veranstalter gefragt werde, wie lange ich reden will, antworte ich: 30 Minuten oder drei Stunden – ganz wie Sie wollen.« In ihrer Familie gibt es viele Bilanzbuchhalter, sie fällt da aus dem Rahmen: »Die haben es mit Zahlen, ich bin mehr die Sabbeltante.«

Ärmel hochkrempeln und loslegen

2007 war das Jahr, als die Geschäftsführerin von Aulis sich mit ihren Vorstandskollegen zusammensetzte, um zu überlegen, wofür man sich engagieren könne. Soziale Verantwortung zu übernehmen gehört heute zur Firmenkultur, nennt sich Corporate Social Responsibility. Dagmar Hirche erinnert sich: »Wir trugen zusammen: Es gab viele, die sich um Kinder kümmern, um Tiere oder Natur. Um Alte kümmerten sich sehr wenige.« Die Manager waren sich einig: In diesem Bereich müsste man etwas tun. »Man?« Wo immer Hirche heute auftritt, ist das Wörtchen »man« ihr Stichwort, gefolgt von der Pointe: »Diesen man habe ich leider noch nirgendwo getroffen.« Meint: Wer etwas verändern will, muss selbst anpacken. Dagmar Hirche, stets farbenfroh gekleidet und den kurzen grauen Schopf auf Veranstaltungen zu einem flotten Pixie gegelt, krempelt die Ärmel hoch und legt los. Längst ist sie eine Influencerin, wie es in digitalen Kreisen heißt. Eine Netzwerkerin, die Einfluss nimmt und einen Schwarm an Gleichgesinnten mit sich zieht. »Alter soll Freude sein!«, steht auf den Plakaten des Vereins. Freude? Nicht gerade der erste Impuls, wenn man an die Lebensphase jenseits der 70 denkt, wenn die Gesundheit nicht mehr so mitspielt, die Enkelkinder womöglich am anderen Ende der Republik wohnen, wenn die Rente kaum zum Leben reicht und weit und breit kein Nachbar in Sicht ist, mit dem es sich über den Gartenzaun hinweg plaudern lässt.

17,5 Millionen über 65-Jährige gibt es in diesem Land, das die Großelterngeneration oft ein wenig aus dem Blick verliert und beim Kreuzworträtseln und Entenfüttern wähnt. Wie es wirklich aussieht? Natürlich gibt es gut situierte Senioren und Seniorinnen, die auf Kreuzfahrtschiffen unterwegs sind und in Häusern mit gepflegten Gärten fröhliche Enkelkinder empfangen. Es gibt aber auch die anderen, die sich in ihre kleinen Wohnungen verkriechen, die mit einem kranken Partner leben oder selbst gesundheitlich angeschlagen sind, die kaum noch rauskommen, jeden Cent umdrehen müssen und die Stunden zählen, bis endlich die Vorabendserie beginnt oder der Gong zur »Tagesschau« ertönt.

»Wege aus der Einsamkeit« heißt der Verein, den Hirche und ihre Mitstreiter vor 13 Jahren gründen. Moderne Marketingstrategen würden heute wohl anders formulieren, aber der Name bringt es auf den Punkt. Einsam möchte niemand sein, dabei nistet das Gefühl der Isolation hinter vielen Fassaden, gerade in Großstädten oft unbemerkt. Jeder Sechste in Deutschland fühlt sich einer Onlineumfrage zufolge häufig oder ständig allein. Und wer unter dem Gefühl der Isolation leidet, wird öfter krank, nicht nur psychisch, sondern auch körperlich: Wunden heilen schlechter, das Immunsystem wird schwächer, das Risiko für Herz-Kreislauf-Erkrankungen, Diabetes und Depressionen steigt. Man müsste dringend etwas gegen diese Geißel moderner, globalisierter Zeiten tun. Man?

Dagmar Hirche macht. Zunächst analog. Sie schaltet Anzeigen in einer großen Hamburger Tageszeitung und lädt Ältere ab 65 Jahren zu einem Ausflug in den Hamburger Tierpark Hagenbeck an, inklusive der Kür der ältesten Elefantendame. Damit hat sie gleich mal die größte Klippe bei der Kontaktaufnahme zu einsamen alten Menschen umschifft, deren Scheu und Sprachlosigkeit. »Wenn wir vor dem Elefantengehege stehen oder die Erdmännchen beobachten, haben alle ein Thema.« Wenn dazu noch einige Kinder aus einer Kita singen, zum Schluss des Ausflugs zum gemeinsamen Mittagessen eingeladen wird, ist die Freude groß.

Zum »Weltseniorentag« am 1. Oktober organisiert sie

einen Flashmob und sorgt durch beherzte Lobbyarbeit dafür, dass dieser scheinbar zufällige Auflauf vieler Menschen auch in anderen Städten aufgegriffen wird. Im Hamburger Schanzenviertel tanzen die Teilnehmer des Flashmobs vor der Tür der Diskothek Knust und lassen Luftballons steigen. Was folgt, nennt Hirche Seniorendisco, nur dass hier keine Hammondorgel ertönt, sondern eine D-Jane Hits der Beatles, Stones und Doors auflegt. Zugeständnis an die silberhaarige Klientel: Die Disco läuft nachmittags, da ist der Club frei, und bei Einbruch der Dunkelheit sind alle wieder zu Hause.

2014 entdeckt Hirche ein weiteres Feld, das es zu bestellen gilt: das Internet. Denn was nützt es, wenn sie die alten Menschen aus deren Wohnungen hinaus ins Leben lockt, aber diese von der zunehmend digitalen Welt abgeschnitten sind? »Smartphone und Tablet haben die Welt beschleunigt und technische Neuerungen nach vorn gebracht. Vieles gibt es nur noch online. Da hat es mich wirklich erschreckt zu sehen, wie viele ältere Menschen zurückbleiben. Bei den 70- bis 74-jährigen sind aktuell 39 Prozent online, bei den über 80-jährigen nur noch elf Prozent, die jenseits der 90 werden statistisch gar nicht mehr erfasst.« Man müsste dringend Abhilfe schaffen. Man?

Hirche entwickelt ihre Onlineschulungen und erfindet das Motto: »Wir versilbern das Netz«. Der Titel spielt augenzwinkernd auf die Haarfarbe ihrer Kursteilnehmer an.

Fragt man sie nach ihrer Motivation, sagt sie: »Ich bin einfach Mensch.« Was aber nicht hinreichend ausführt, was sie seit über zehn Jahren unermüdlich an Impulsen in die Welt setzt.

Wer Dagmar Hirche ein paar Wochen oder Monate lang begleitet, gerät leicht außer Atem. Auf ihrem Facebook-Account postet sie jeden Morgen die Termine des Tages: Die Schulungen im Alstertower oder in Altenheimen, die Konferenzen mit anderen Organisationen, die Aufzeichnungen der Lernvideos, mittlerweile bei Youtube abrufbar, Interviews mit Journalisten, gern auch jüngeren, Hinweise auf Fernsehauftritte, Querverweise auf die Aktivitäten ihrer Mitstreiter wie Mitra Kassai von »Oll Inklusiv« oder Christine Worch von »Kulturisten hoch2«. Bei einem Onlineauftritt der »Global Digital Women« wird sie wie ein Popstar angekündigt und setzt sich dafür ein, dass Frauen in den Medien Gesicht zeigen: »Frauen, seid sichtbar!«

Jeden Mittwoch kann man sie morgens um 6.30 Uhr auf dem Bahnsteig des Hamburger Dammtor-Bahnhofs treffen, dann geht ihr Zug nach Berlin, Zielpunkt Lernzentrum von Facebook am Potsdamer Platz. Seit 2017 laufen ihre Schulungen auch in der Hauptstadt, sporadisch steigen außerdem

Partys, auf denen Firmen Produkte für Alte vorstellen dürfen. »Nicht anpreisen, sondern erläutern« – darum geht es ihr. Die »Versilberer-Partys« sind mittlerweile ausgebucht, die Firmen drängeln sich. Mal wird ein modernes Hörgerät vorgestellt, mal ein Roboter in Menschengestalt. Damit nicht genug: Als Kämpferin für die Alten tourt Hirche unermüdlich durch die Republik, spricht auf der TedX in München, knüpft Bande zu Organisationen im Saarland und Hessen, fliegt immer wieder nach Taiwan, wo sie ihr Konzept der Onlineschulungen vorstellt und – zurück in Deutschland – darauf verweist, dass es in Asien Internet an jeder Milchkanne gibt. Ein kräftiger Seitenhieb auf gewisse Politiker, die tatsächlich meinen, nur Großstädte hätten eine gute Versorgung mit WLAN verdient.

Innehalten und neu starten

Würde man für ihren Drive ein Bild suchen, dann passt das einer Lokomotive, die mit zügigem Tempo durchs Land rattert, fröhliche Dampfwölkchen verströmend. Als Reporterin fällt es schwer, an der Fassade dieser dynamischen Aktivistin zu kratzen, und doch wäre sie nur halb erfasst, würde man sie ausschließlich als stark beschreiben. 2011 erkrankte Dagmar Hirche schwer an Darmkrebs, musste zweimal operiert werden. Typisch für sie, dass sie auch diesen Einbruch, dieses Innehalten positiv gewendet hat. »Mein Arzt hat damals im Krankenhaus zu mir gesagt, mir hätte es geholfen, dass ich so positiv denke.« Die Einschränkungen, die die längst überwundene Krankheit mit sich bringt, managt sie wie selbstverständlich. Auf Reisen nimmt sie sich trockene Brötchen und Gemüsestifte als gut verträgliche Wegzehrung mit. Und wenn sie mit Freundinnen essen geht, dann mit der klaren Ansage, dass sie gewisse Rücksichten nehmen muss. »Ich habe nie verstanden, dass viele Krebspatienten gesagt haben, ich mag nicht darüber sprechen, da werde ich ja vielleicht diskriminiert. Denen antworte ich: Wer mich diskriminiert, der kriegt was um die Ohren!«

Vielleicht ist die Erfahrung der eigenen Schwäche sogar etwas Kostbares, das sie mitbringt in ihre Arbeit. Sie weiß genau, wie sie auch die Verzagten, die Kleinmütigen, die Resignierenden ins Boot holt. Wer ist schon perfekt, wer funktioniert schon wie ein Uhrwerk, wer hat ständig gute Laune? Auch eine Dagmar Hirche braucht ihre Rückzugsmomente, ruht dann zu Hause auf dem Sofa aus, hört Musik von ihrem Lieblingsmusiker Sting und mag nicht angesprochen werden, nicht mal von ihrem eigenen Mann. »Dem sage ich dann: Texte mich heute bloß nicht mehr zu!« Aber sonst? Wichtig ist doch der Perspektivwechsel: Was geht noch, trotz einiger Einschränkungen? Was macht noch Freude? »Ein langes Leben soll Freude sein!« ist längst auch ihr eigenes Leitmotiv. Eine typische Szene zeigt Hirche auf einer Bühne, es kann auch eine Bank oder ein Tisch sein, das Sektglas in der Hand, die Stimme erhoben: »Heute reden wir nicht über Zipperlein, heute wird gefeiert!«

Dahinter steht der Leitsatz ihrer Arbeit: Wir blicken nicht auf das, was uns einschränkt, sondern auf das, was noch geht. Was spricht dagegen, auch mit 90 Jahren auf der Tanzfläche die Hüften zu wiegen? Was hindert die 80-Jährige daran, ihren dementen Mann unterzuhaken und gemeinsam zum Flashmob zu gehen? Oder zu »Oll Inklusiv«, wo eine von Hirches Mitstreiterinnen Partys steigen lässt, immer mit kleinen

Einlagen gewürzt, zum Beispiel Lesungen der erfolgreichen Autorin Greta Silver?

Ende 2019 erscheint ein Buch über all ihre Aktivitäten, »Wir versilbern das Netz«, auf dem Titel die Herausgeberin in rosafarbener Jacke, zwei Smartphones triumphierend über den Kopf gehalten. Untertitel: »Das Mutmachbuch«. Was auch sonst.

Ihre Botschaft: Wer erst mal die Tür seiner Wohnung öffnet und hinausgeht, kann was erleben. Wer sich traut, den Nachbarn anzusprechen, ist gleich mal weniger allein. Und wer die Onlinewelt erforscht, dem öffnen sich unzählige neue Fenster. Was nicht bedeutet, dass Hirche, die fröhliche Lokomotive, nicht ihre frustrierten Momente hätte. Ihre Forderung nach kostenlosem WLAN in Altenheimen verhallte

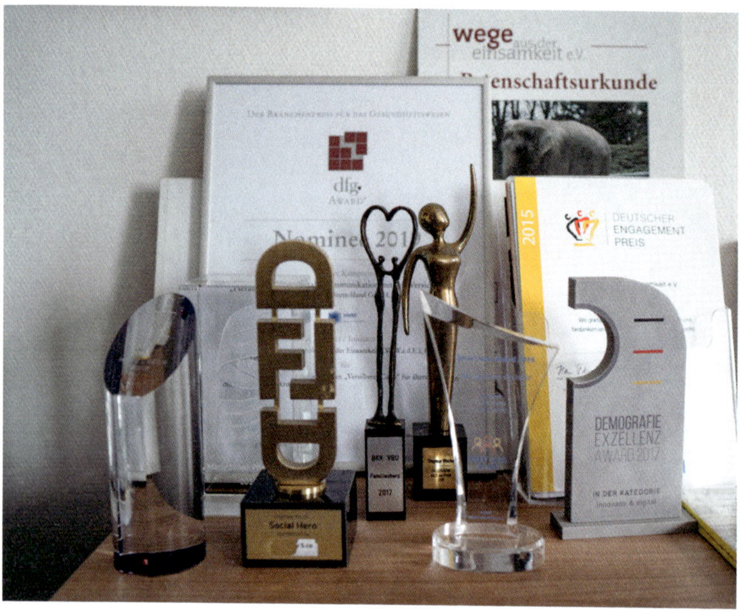

bisher ungehört. Das politische Geschäft ist zäh, Alte haben keine Lobby, und wenn Dorothee Bär, die Staatsministerin für Digitales, mit großer Bugwelle in ihren Berliner Gesprächsrunden einläuft, dann gibt es schöne Fotos und freundliche Worte, aber mehr erst einmal nicht. So war es jedenfalls bis zum Frühjahr 2020, bis Corona sich wie ein Eishauch über das Land legt und das öffentliche Leben erstirbt. Die Bekämpfung der Pandemie stellt alles auf den Kopf, was bisher sicher schien und vertraut. Das öffentliche Leben: ausgebremst. Die Altenheime über Nacht abgeriegelt, die Risikogruppen, also alle über 65, dazu verdonnert, in ihren vier Wänden zu bleiben. Die Wege aus der Einsamkeit, die Hirche mit so viel Verve und Einfallsreichtum erschlossen hatte, sind von einem Tag auf den anderen verbaut. Es gibt keine Schulungen mehr, keine Versilberer-Partys, von Flashmob und Seniorendisco ganz zu schweigen. Was nun? Hirche: »Ich saß zwei Tage da und dachte, was mache ich jetzt.« Man müsste etwas tun. Und da sie diesen man bekanntlich noch nie getroffen hat, wird sie selber aktiv.

Wenige Tage nach dem Lockdown startet Hirche ihr Corona-Notprogramm. Der Verein verschickt Sonder-Newsletter mit Hinweisen auf Quellen, die seriös über das Infektionsgeschehen informieren. Links zu digitalen Museumsbesuchen, zu Onlinekonzerten und Nachbarschaftshilfen werden gedruckt. Wer jetzt gefangen in seiner Wohnung sitzt, dem öffnen sich per Mausklick Fenster zur Welt. Doch das ist nicht genug, findet Hirche. Zu den Wegen aus der Einsamkeit, die sie bereits erschlossen hat, muss noch ein weiterer her. Und zwar schnell. »Wer einen Youtube-Kanal anklickt oder einen Link aufmacht, wird unterhalten, sitzt aber immer noch allein vor dem Bildschirm.« Wenn analoge Treffen nicht mehr möglich sind, müssen eben digitale Räume eröffnet und bespielt werden.

»Ich habe mir ein paar Plattformen angeguckt und entschieden: Zoom ist die Beste. Ende März öffnet das digitale Wohnzimmer erstmals seine Pforten und heißt die Besucher und Besucherinnen willkommen. Und siehe da: Die Generation, der manch Jüngere kaum zutrauten, einen Bankautomaten zu bedienen, ist Klick für Klick dabei. War bislang einmal in der Woche das Büro im Alstertower ein Anlaufpunkt, so ist das digitale Zimmer an sechs Tagen in der Woche geöffnet, selbst Teilnehmerinnen vom Bodensee und aus Berlin stoßen hinzu. Die tägliche Präsenz ist Hirche wichtig, schon wegen der weggebrochenen Struktur in vieler Leben. Jetzt ergeben die alltäglichen Rituale wieder Sinn: Aufstehen, Haare richten und schnell noch die Alpenveilchen gießen, die gleich im Hintergrund des Zoom-Treffens von allen zu sehen sind. Dann sind sie da und freuen sich auf das, was Hirche präsentiert. Neben garantiert guter Laune wird ein wechselndes Programm geboten: die Bestsellerautorin Ildiko von Kürthy liest aus ihrem neuen Buch, Vertreter der Haspa erläutern das Einmaleins des Online-Banking, Maximilian Arland, der Moderator und Botschafter des Vereins, kommt zu Besuch, am Samstag wird ganz klassisch »Stadt, Land, Fluss« gespielt, und natürlich ist auch Party-Time, mit Songs von Udo Jürgens und dem obligatorischen Gläschen Sekt. Corona und alle Ängste sollen draußen bleiben: »Heute wird gefeiert!«

Wer Dagmar Hirche und ihren unermüdlichen Einsatz verfolgt, erlebt in ihrem Umfeld eine wundersame Verwandlung. Wo immer sie auftaucht, macht sich gute Laune breit. »Ich bin ja Animateurin«, sagt sie. »Ich blicke nur in fröhliche

Gesichter.« Kein Wunder, dass sie auch das eigene Leben mit viel Drive befeuert: Gern und regelmäßig geht sie mit Freundinnen essen. »Immer in ein anderes Restaurant.« Gern packt sie den Koffer, um auf Reisen neue Ufer zu entdecken: Mal tourt sie mit dem Rad durch Holland, mal durch Kroatien. In Island war sie auch schon. Und klar hat sich eine Dagmar Hirche schon überlegt, wie sie selbst leben will, wenn sie alt ist: »Ich hoffe, dass ich dann noch gesund bin, und würde gern in einer Senioren-WG oder in einer Alten-Wohnanlage wohnen.« Aber erst mal wird sie weiter die Mutmacherin geben, für die Alten und wohl auch für sich selbst. An einem kühlen Frühlingsabend vor Corona lädt sie 80 Senioren in ein Hamburger Kino ein, steht in leuchtend gelbem Sweatshirt im Eingang, verteilt Eintrittskarten und Gutscheine für ein Glas Sekt oder Selters. »Gestorben wird morgen«, heißt die Dokumentation über eine Alterskommune in den USA. Der Titel könnte glatt von ihr stammen, denn heute ist heute. Und heute wird gelebt!

www.wegeausdereinsamkeit.de

DEUTSCHER RECHTS EXTREMISMUS
Eike Stedefeldt Schwule Macht
GRENZENLOSE HEIMAT
Die Auschwitzleugner
Die Rechten in Frankreich
KONZENTRATIONSLAGER
HAIDER UND DIE „FREIHEITLICHEN" IN ÖSTERREICH
RASSISMUS IN DER DISKUSSION
Der Lübecker Brandanschlag
Zum Wohle der Nation
Männer
Kulinarischer Norden
schlüterische
KOCHEN À LA SCHLESWIG-HOLSTEIN
SPARGEL

Jens Mecklenburg

Flucht in die Küche

Der ehemalige Nazijäger befeuert heute
die Genusskultur des Landes Schleswig-Holstein

SWITCH Leib und Seele statt Blut und Boden

Jens Mecklenburg empfängt in seiner Wohnung in einem alten Bürgerhaus in Kiel. Ein großer Esstisch, bequeme Stühle, die Küche minimalistisch karg bis auf verschiedene Gläschen mit Ostseesalz, pur als Flocken, gemischt mit Algen oder Sanddorn, eine Spezialität der Region.

An der Garderobe ein schwarzer Hut mit breiter Krempe, sein Markenzeichen, genauso wie das azurblaue Einstecktuch und der lässig sitzende Anzug. Es gab ja Zeiten, da durfte der 60-Jährige nicht zeigen, wer er wirklich war. Zeiten, in denen er sich unter falschem Namen, verkleidet mit Goldrandbrille und Lodenjanker, in den Hotspots der rechten Szene bewegte und Material sammelte. 20 Jahre lang war er eine Art Undercover-Agent des Nordens. Ein Journalist, der rechte Umtriebe aufdecken wollte und dafür mit falscher Identität in den braunen Untergrund abtauchte.

Wenn er auf sein erstes Leben zu sprechen kommt, überlegt er genau, was er preisgeben möchte. Bittet um Verständnis, dass er die Jahre zwischen Mitte der Achtziger bis Anfang der Neunziger ein wenig bedeckt halten will. Die Vorsicht ist nachzuvollziehen: Der Mann mit dem Hut wechselte nicht nur den Beruf, er wechselte gleich das Leben.

Gestern Nazijäger, heute Genusskritiker. Gestern ein Meister der Mimikry, heute ein Freund klarer Kante. Jens Mecklenburg eilt durch seine geräumige Homebase, greift hier nach Büchern, klemmt sich dort bunte Folianten unter den Arm und baut sie zu Türmen auf, beachtlichen Türmen. Zwei Bücherstapel markieren die beiden Universen, in denen er zu Hause ist. Er stützt sich auf beide. Auf der einen Seite die Bücher aus seiner Zeit als Herausgeber der Antifa-Edition im »Elefanten Press Verlag«. Als imposanter Grundpfeiler ein dicker Wälzer mit rotem Einband, »Handbuch Deutscher Rechtsextremismus«, mit Register 1052 Seiten umfassend. 36 Autoren und Autorinnen schreiben darin, vom mittlerweile verstorbenen jüdischen Schriftsteller Ralph Giordano bis zur Linken-Politikerin Ulla Jelpke. Darauf gestapelt diverse Bände unterschiedlichster Autoren. »Braune Gefahr«, »Was tun gegen rechts«, »Gladio«, die geheime Terrororganisation der NATO, bis zum Lebensbericht der RAF-Sympathisantin Margrit Schiller, einer verirrten Studentin, die bei den linken Desperados Anschluss suchte, mehrere Jahre im Gefängnis saß und nach Jahren in Lateinamerika heute in Berlin lebt. »Für die allerpersönlichsten Probleme wird die Gesellschaft in Sippenhaft genommen«, rezensierte 1999 die Politikprofessorin Barbara Zehnpfennig aus Passau. »Mir tat Schiller irgendwie leid«, sagt der Herausgeber, der den Band um ein Glossar ergänzte. Lange her, das alles. Die meisten Buchseiten sind vergilbt, die Zeit als Herausgeber und Autor, als Nazijäger und Undercover-Rechercheur liegen lange zurück. Dagegen der rechte Stapel: Knackig frisch und garantiert unpolitisch, es sei denn, man würde auch in dem Kampf um gute Nahrungsmittel eine gesellschaftspolitische Stoßrichtung sehen. Die beiden Welten, in denen Mecklenburg Spuren legte, sind so gegensätzlich, dass das Online-Nachschlagewerk Wikipedia gelegent- lich zwei Personen gleichen Namens verortet.

Zwei Seelen wohnen tatsächlich in seiner Brust, und nur eins haben der ehemalige und der jetzige Mecklenburg gemeinsam – eine unerschrockene Lust daran, Haltung zu zeigen. Früher gegen Nazis, gegen die Wikinger-Jugend, die NPD, gegen Skinheads – und heute gegen schlechte Küche und lieblose Ernährung. Auf beiden Feldern ist er mit missionarischem Eifer unterwegs. Fertigprodukte? Dosengerichte? Nur über seine Leiche. »Wenn jemand vor mir geht, der Fastfood gegessen hat, kann ich das riechen.« Da mischt er sich ein, auch ungefragt. Wenn, wie unlängst geschehen, ein junger Mann vor ihm an der Ampel steht, unterm Arm Pappschachteln mit Essen eines günstigen Asiaten, hält es den Überzeugungstäter nicht mehr. Dann spricht er den Wartenden an und klärt auf, was er da gleich essen wird. Nichts von Qualität nämlich. Dann doch lieber eine schöne Gemüsebrühe und dazu ein Stück Brot. »Ich komme über den Genuss.«

Wer ein Feinschmecker ist, der denkt folgerichtig ökologisch. »Gutes Fleisch kann nur von Tieren kommen, die artgerecht gehalten wurden, sonst schmeckt das Fleisch nicht. Gemüse kann nur schmecken, wenn es vernünftigen Boden hatte und keine schnell wachsende Sorte war.« Für eines seiner kulinarischen Bücher hat er mal alte Sorten von Schweinen porträtiert und den Borstenviechern eine echte Liebeserklärung an die Backen geklebt. Sozial, sensibel, hochintelligent seien die Tiere. Für ein anderes Buch, »Raritäten von der Weide«, stellte Mecklenburg 66 Nutztiere vor, die der Leser

kennenlernen sollte, bevor sie verschwinden. Ein leidenschaftliches Plädoyer für die Vielfalt der norddeutschen Heimat.

Wenn es um die Verführung zum Genuss geht, schwärmt Mecklenburg von seiner Großmutter Klara, die Köchin war und eine Meisterin der guten Zitronencreme. Wenn er erzählt, sieht man sie förmlich vor sich, die schaumig gerührte Speise, die nach Klaras Tod keinem einzigen Familienmitglied mehr gelang, bis sich der erwachsene Enkel durch Probieren und Schmecken an die alte Rezeptur herantastete. Wenn er von Großmutters Küche schwärmt, steigen Bilder auf von duftenden Braten, von Hühnersuppen aus golden schimmernder Brühe, auf der ein paar Fettaugen schwimmen. Der kleine Jens saugt sich voll mit dem Wissen der deutschen Hausfrau, er begleitet seine Oma zum Metzger, wo sie die guten Fleischstränge und die richtigen Anschnitte begutachtet. Das geht ihm heute noch so: ein gutes Bratenstück wird angefasst, berochen und befühlt. Das Kochen ist bei ihm ein sinnlicher Vorgang. Gern darf das Fleisch gemasert sein, denn Fett ist ein Geschmacksträger. Er benötigt auch kein Bratenthermometer. Garzeiten hat er im Gefühl. Was er genauso wenig vergessen hat wie Großmutters gute Hausmannskost, ist deren Auswirkung auf den grantigen Großvater, der schwer versehrt aus dem Krieg nach Hause gekommen war und seinen kleinen Enkel mit Geschichten vom Panzerfahren unterhielt. Kaum stand Klaras Essen auf dem Tisch, waren schiefe Heldengesänge und schlechte Laune wie weggeblasen: »Der wurde beim Essen weich wie Butter.«

Was der junge Jens damals aufschnappte, erwies ihm später gute Dienste. Ganz oben auf dem Stapel mit den Büchern seines zweiten Lebens liegt ein dunkelrotes Bändchen mit Rezepten zum Verführen: »Warum Männer nichts anbrennen lassen.« Darin Tipps für Austern mit Kaviar und Champagner, aber auch schlichtere Genüsse wie eine Kartoffel-Lauchcreme-Suppe. Hauptsache, mit Liebe zubereitet. Er kennt sich aus, hat er doch die Gefährtinnen seines Lebens immer gern und gut bekocht, und die haben es ihm – so erzählt er – auch noch gedankt, wenn die Beziehung längst vorbei war. »Die haben später moniert, dass ihnen kein preisgünstiger Wein mehr schmeckt. Ich hätte sie da total verdorben.«

Zurück zum Stapel mit den Büchern seines ersten Lebens. Wer sich mit Rechtsradikalismus beschäftigt, ist oft durch die Kriegsgeneration der Väter oder Großväter für das Thema sensibilisiert. Mecklenburg, Jahrgang 60, behauptet, er sei es nicht. »Meine Familie bestand aus unauffälligen Mitläufern, die haben nicht mitgemacht, die haben sich aber auch nicht aufgelehnt.« Jens Mecklenburg ist da anders: Er ist bei denen, die aufbegehren, die die bestehenden Verhältnisse infrage stellen. Ein Schuss Abenteuerlust ist wohl auch dabei. Als er mit gerade mal 16 Jahren seine fünf Jahre ältere Schwester in Spanien besucht, lässt er nicht locker, bis er sich irgendwo in den Pyrenäen mit Mitgliedern der Terrororganisation ETA trifft. Heraus kommt ein Interview für ein Juso-Magazin.

Die damals noch langen lockigen Haare haben sich mitt-

lerweile verflüchtigt, aber die Grundhaltung ist gleich geblieben: »Ich habe die Dinge gemacht, die ich machen wollte, und dabei nicht nach links oder rechts geguckt.« Später erlebt er hautnah mit, wie ein Neonazi-Führer mit Gesinnungsgenossen durch den Hamburger Hauptbahnhof zieht, Plakate schwenkend, die den Holocaust leugnen. Mecklenburg ist zutiefst empört. Er setzt sich auf die Spur der Rechten und benutzt dabei die Methoden der weitgehenden Anpassung, die auch den Undercover-Rechercheur Günter Wallraff berühmt und ein bisschen berüchtigt machten.

Zunächst schleust er sich bei der Wiking-Jugend ein, in anfangs erwähntem Janker und Goldrandbrille, an seinem Arm eine im völkischen Look gestylte Freundin mit Zöpfen und weißen Kniestrümpfen. Was er an Informationen sammelt, wird diskret weitergegeben. Es ist eine Szene, in die der Normalbürger wenig Einsicht nimmt, in der es auch ratsam ist, seine Worte zu überdenken. »Manchmal wusste ich nicht, ob links oder rechts einer vom Verfassungsschutz sitzt.« Immerhin, seine Recherchen zeigen Wirkung: Die Fakten aus dem »Handbuch Deutscher Rechtsextremismus« werden bis in den Bundestag hinein diskutiert und fließen in investigative Reportagen ein. Mecklenburg bewegt sich in einem Milieu, das ihn fasziniert und gleichermaßen abstößt, das ihm Bekenntnisse abverlangt, die seiner Überzeugung diametral entgegenlaufen: »Ich musste schon darstellen, dass die deutsche Rasse privilegiert ist.« Die falsche Nähe führt gelegentlich zu Irritationen: »Bei einem Treffen hatte ich Gefallen an einer jungen Frau gefunden. Unter normalen Umständen hätte sich vielleicht ein Flirt ergeben, aber ich durfte ja meine Identität nicht preisgeben. Und unter falschen Voraussetzungen anzubändeln hätte ich menschlich nicht okay gefunden.«

Irgendwann lässt sich die Tarnung nicht mehr aufrechterhalten, Mecklenburg gerät ins Visier der rechten Szene und erlebt am eigenen Leib, was das bedeutet. Mitte der 80er Jahre zieht er nach Kellinghusen bei Wrist, arbeitet ehrenamtlich in einer Einrichtung der Jugendhilfe. Aber ausgerechnet die Kleinstadt entpuppt sich als Sammelpunkt der Skinheads, die öfter das Jugendzentrum aufmischen und auch den stadtbekannten Linken vor Ort aufs Korn nehmen. Immer wieder wird sein Haus am Marktplatz attackiert. Mecklenburg geht nur noch in Begleitung von Freunden aus dem Haus, seine Haustür lässt er durch eine aus Eisen austauschen, seinen Hund gibt er weg, damit das Tier nicht zur Zielscheibe wird. Dann der Tag, der ihn um ein Haar das Leben kostet.

Die unbedachte Minute, als er sein Haus zum Einkaufen verlässt und hinter parkenden Autos hervor eine Horde von Skinheads mit Baseballschlägern auf ihn losstürmt. So wie er erzählt, in seiner aufgeräumten Küche mit dem Blick auf akkurat abgeteilte Gärten, klingt die folgende Szene wie das Opening zu einem Gangsterfilm. Damals ist es Wirklichkeit. Innerhalb von Sekunden entscheidet Mecklenburg, nicht in sein Haus zurückzulaufen: »Hätte ich das Schlüsselloch nicht auf Anhieb gefunden, hätten sie mich gehabt.« Er flüchtet in die Taverne gegenüber, erklärt dem Koch atemlos die Lage. Die gesamte Küchenbrigade greift sich daraufhin Messer und schlägt die einfallenden Skinheads zurück. Eine Solidarität, die nicht selbstverständlich ist.

Für die Stadt gilt er als Störfaktor. Erst recht, als er an die Presse durchsticht, dass eine israelische Jugendgruppe aus einem Hotel ausquartiert wurde, um einer Versammlung der Rechten Platz zu machen. Jeder andere hätte das kontaminierte Pflaster umgehend verlassen, er nicht. Zwei Jahre hält er durch, dann erst zieht er weiter. Heute, sagt er, würde er anders handeln. Anzeige erstatten. Die Presse informieren. Damals will er einfach nur standhalten, dem Druck keinesfalls nachgeben. Aber die Jahre seines riskanten investigativen Journalismus neigen sich ohnehin dem Ende zu. Mit dem Verlag »Elefanten Press« geht es bergab. Die Option, dass das »Handbuch Deutscher Rechtsextremismus« bei einem renommierten Verlag neu aufgelegt und im Zwei-Jahres-Takt fortgeführt wird, zerschlägt sich. Mecklenburg spürt außerdem, dass ihn die Nähe zur rechten Szene zunehmend belastet: »Ich habe ja täglich deren Hauspostillen gelesen. Mit der Zeit macht einen so was wirr im Kopf.« Er beschließt, unter dieses Kapitel seines Lebens einen Schlussstrich zu ziehen: »Ich hatte keine Lust mehr, mich mit dem braunen Dreck zu befassen.« Er hat auch keine Lust mehr, für das Gute zu stehen, ohne zu wissen, wie er am nächsten Tag seine Miete zahlen kann.

Gute Produkte und Genuss

Etwas Neues muss her, eine Wende. Er fragt sich selbst: Was kannst du? »Schreiben kann ich, Journalismus kann ich, ich habe mich mein ganzes Leben lang mit Essen und Trinken beschäftigt.« Wir schreiben das Jahr 1999, Mecklenburg sattelt um. Sein Land sieht er fortan vor allem durch die Brille des Gastro-Kritikers, der sich dem Regionalen verpflichtet fühlt. Der Begriff Heimat soll ausschließlich für gute Produkte und Genuss stehen. Er zitiert den Grünen-Chef Robert Habeck, der in einem Essay die Frage aufwarf: »Warum Heimat den Rechten überlassen?«

Auch in seiner neuen Tätigkeit ist er mit aufklärerischem Eifer unterwegs und ohne die leiseste Angst, die Pfründe anderer zu verletzen. Schleswig-Holstein, sollte man vielleicht erwähnen, ist vor 20 Jahren noch unbestelltes Land, was gehobene Esskultur betrifft. Viele Landgasthöfe kommen nahezu ohne regionale Produkte aus, Gemüse aus der Dose ist genauso selbstverständlich wie Mehlschwitze, auf den Speisekarten halten sich hartnäckig Gerichte wie »Toast Hawaii«, »Rundstück warm« mit brauner Soße und geschmacksneutrale Hühnerragouts. Wer »Schnüsch« erwischt, jenen frisch gekochten Eintopf aus frischen Gemüsen, mit Milch angereichert, hat Glück gehabt. Mecklenburg, der mit seinem schwarzen Hut glatt einem Mafiafilm entstiegen sein könnte, nimmt die Herausforderung an. Wie immer mit spitzer Feder, fein gesponnenen Netzwerken und ohne jegliche Scheu davor, sich in die Nesseln zu setzen.

Nur dass er jetzt nicht mehr undercover unterwegs ist, sondern eher als Wanderprediger, der sich die regionale Vielfalt auf seine Fahnen geschrieben hat, das Wohl der Tiere und die Rückbesinnung auf alte Arten. Wer bei Youtube seinen Namen eingibt, sieht den Mann mit Hut, wie er den Genuss-Handwerkern ein Forum gibt. Mitten in Kiel besucht er die Pralinenmacherin Corinna Fleißer, eine der seltenen Schokoladen-Sommelières, die ihre kleinen Kunstwerke mit Safran parfümiert und über die verschiedenen Provenienzen des Kakaos dozieren kann wie ein Winzer über Rebsorten und Anbaugebiete. Draußen auf dem Land trifft er einen Ökobauern, der robuste Gallowayrinder züchtet, die selbstverständlich auf grünen Weiden grasen. Wenn er heute Porträts schreibt, dann nicht mehr über einen berüchtigten NPD-Mann, sondern über Tiere, die vom Aussterben bedroht

sind, wie etwa das Vorwerkhuhn. Oder das Waldschaf. Oder das Schwäbisch-Hällische Schwein. Und da Mecklenburg von der Genussseite kommt, empfiehlt er den Verbraucherinnen und Verbrauchern, genau diese Sorte nachzufragen. »Esst, was ihr schützen wollt – so entsteht Nachfrage, auch nach alten Rassen, die sonst nur in Tierparks überleben. Denn nur, was wir essen, darf leben!«

2017 gründet Mecklenburg sein Onlinemagazin »Nordische Esskultur«, in dem er Gastronomen, Köchen und Bauern eine Plattform gibt und täglich Impulse ins Land verschickt. 20 Rubriken zählt sein Journal, das klingt nicht nur nach viel Arbeit, das ist auch so. Natürlich schreibt der Verleger auch selbst. Wie in seinem ersten Leben agiert er im Hintergrund, aber ob es um die schleswig-holsteinische Käsestraße geht, den Zusammenschluss »Feinheimisch«, ein Netzwerk aus Erzeugern, Manufakturen, Küchenchefs und Gastronomen, oder um die kleinbäuerliche Vereinigung

»Nordbauern« – Mecklenburg hat seine Finger im Spiel. »Ich bewege gern Dinge aus dem Hintergrund.«

Nur von Ferne beobachtet er noch, was sich gerade an rechten Umtrieben in den neuen Bundesländern zusammenbraut. Nur auf Anfrage gibt er preis, dass ihn das nicht groß wundert: Direkt nach der Wende seien Neonazis in den Osten übergewechselt, um dort einen fruchtbaren Boden vorzufinden. »Die wussten, dort gibt es ein aus ihrer Sicht völkisch homogenes Volk, die sind noch nicht so multikulturell durchmischt, noch nicht vom Liberalismus erfasst.« Seiner Wortwahl merkt man an, dass er das kleine Abc der Szene noch drauf hat. Und weiter: Obwohl sich die DDR antifaschistisch gerierte, wurde dort viel weniger Aufarbeitung der Naziverbrechen betrieben. Mecklenburg: »Seit Gründung der BRD gab es immer einen geringen Prozentsatz an Menschen, die einen starken Hang zu autoritären Strukturen haben. Im Osten waren es deutlich mehr.« Seine Prognose: »Von 30 Prozent an wird es gefährlich.« Er steht auf, zupft das blaue Einstecktuch im Jackett in Form. Nicht mehr seine Welt.

Zeit zum Wechsel, auch räumlich. Mecklenburg eilt zur Garderobe und greift zum eleganten Borsalino, seinem Markenzeichen. Der Missionar der Esskultur bevorzugt auch in der schleswig-holsteinischen Landeshauptstadt, die im Zweiten Weltkrieg so furchtbar verwüstet wurde, seine Lieblingsorte. Einen steuern wir an, das Restaurant »Lüneburg-Haus« mitten in der Altstadt. Mecklenburg ist bekannt hier, wie er im ganzen Land zwischen Nord- und Ostsee mittlerweile bekannt ist. In der Vitrine des Restaurants liegt prompt ein Buch von ihm. Ein Riesling für den Genusskritiker, einen für die Reporterin. Mecklenburg plaudert aus dem Nähkästchen, wie es so abläuft mit der kulinarischen Befruchtung der Region. Nehmen wir nur das ehemals etwas lieblose Catering im Schloss Gottorf. Mecklenburg zieht ein wenig die Strippen und siehe da: Heute rühmt sich das Schloss eines Gastronomen von Rang, der frische norddeutsche Küche serviert.

Mit der regionalen Vielfalt geht für ihn eine Abkehr vom überambitionierten Chichi und der Verwendung möglichst exotischer Gewürze einher, wie sie vor Jahren noch von den Köchen der Nouvelle Cuisine gepredigt wurde. Wenn er zu Hause kocht, dann einfach: »Ein schöner Fisch mit Kräutern und Butter in Folie«, besser geht's kaum. Seiner Vorliebe für Gänsestopfleber hat er folgerichtig abgeschworen, vor Zeiten noch ein Hochgenuss, am liebsten begleitet von einem kernigen Gewürztraminer. Einen kleinen Seufzer kann er sich nicht verkneifen. »Ich habe mich gezwungen, mir das Mästen anzugucken, auch bei den besseren Betrieben. Letztlich bleibt es dabei, es geht ums Überfressen, es ist eine Qual für das Tier.« Die letzte Gänsestopfleber hat er vor fünf Jahren genossen.

Viel Feind, viel Ehr

Wenn Jens Mecklenburg heute über Land fährt – immer als Beifahrer, ein eigenes Auto besitzt er nicht –, dann freut er sich insgeheim über die vielen kulinarischen Blüten, die das nördliche Bundesland mittlerweile treibt. Manches Pflänzchen setzt er in aller Bescheidenheit auch selbst in die Welt: So hat er vor, kleine Genusspakete in Eigenregie zu schnüren. Derzeit schweben ihm Pralinen der Kieler Schokoladen-Sommelière vor, die mit einem heimischen Obstler, einem »Kretenbrand«, gefüllt werden. Im Übrigen kann er gut damit leben, dass einer wie er, der Nazijäger a.D., niemals jedermanns Liebling werden wird. Weil er dem abgelösten Betreiber des Gottorfer Schloss-Restaurants auf den Schlips getreten ist, darf er dessen Restaurant im benachbarten Schleswig nicht mehr betreten. Und weil er ein Restaurant mal kritisch besprochen hat, rannte der Koch tatsächlich mit gezücktem Messer hinter ihm her. Mecklenburg grinst. Viel Feind, viel Ehr.

Er wird weiter Fäden ziehen und neue Fährten aufnehmen, Spürhund bleibt Spürhund. Nur dass er Leib und Seele mittlerweile mit Gutem und Genussvollem nährt und Impulse weiterreicht, die auch andere beleben.

Mecklenburg nimmt einen Schluck aus dem Glas und greift zur Speisekarte. Zum Schluss noch ein kurzer Exkurs über Merkwürdigkeiten seiner Landsleute, die er in ihren rechtsnationalen und faschistoiden Enklaven so genau untersucht hat. Sein Blick hat sich geändert, aber ist kaum weniger genau. Die Deutschen geben nicht gern viel Geld für Essen aus, egal, was auf ihrem Gehaltszettel oder Konto steht. Dass Menschen millionenschwere Häuser besitzen und dazu teure Autos fahren, aber sich nachlässig ernähren, ist ihm ein Rätsel. »Essen und Trinken sind eine der größten Kulturleistungen der Menschheit! Ohne die Technik des Kochens würde es uns Menschen gar nicht geben!« Er wusste immer schon, was ihm viel Wert ist. Gern besucht er Sternerestaurants, auch wenn die Rechnung einen Otto Normalverbraucher erschauern lässt. Er räumt ein, für hervorragendes Essen wohl ein kleines Vermögen gelassen zu haben, sei es drum. »In England, Skandinavien, Italien, Spanien oder Frankreich«, so Mecklenburg, »liegen die Preise für erstklassige Küche noch viel höher.« Hierzulande gibt es in Sachen Genusskultur noch einiges zu tun, an ihm soll's nicht liegen. Der Hut wird auf der Fensterbank abgelegt, Schleswig-Holsteins Genusspionier greift zur Menükarte. Noch ein Schluck Wein, ein prüfender Blick, das Dinner kann beginnen. Wie leicht und unbefangen sich der Begriff Heimat doch buchstabieren lässt, wenn man ihn mit Genuss gleichsetzt – zu Hause ist da, wo es schmeckt. Ganz ohne Beigeschmack.

www.nordische-esskultur.de

Jan Marquardt

Die Suche nach dem inneren Kompass

Früher reiste er als Topmanager um die Welt, heute leitet der 59-jährige eine Sozialstation auf St. Pauli und kümmert sich um Obdachlose

SWITCH Heimat finden, Heimat sein

Lange vor der Zeit haben sie sich vor dem Fenster zur Essensausgabe in lockerer Reihe aufgestellt: Jakub aus Polen, der täglich hierherkommt, es sei denn, das Leben und der Schnaps sind dagegen. Morin aus dem Senegal, der in Hamburg gestrandet ist und zum breiten Lächeln Dreadlocks trägt. Hans mit dem zerbeulten Rucksack und dem erloschenen Blick, der niemandem verrät, woher er kommt und wohin er will. 40 sind es an diesem kalten Frühlingstag. Mehr als 300 Bewerber um eine warme Mahlzeit sollen es wohl werden. Das »CaFée mit Herz« ist ein Ankerplatz in der großen Stadt an der Elbe, in der die meisten Bewohner wie überall verschämt weggucken, wenn sie einen Obdachlosen sehen. In der die Bündel aus Decken, die morgens über den Lüftungsschächten der Kaufhäuser liegen, ein lästiges Übel sind. Vor dem Eingang in der Seewartenstraße 10 spannt sich ein Bogen aus mehreren hölzernen Rippen, die an einen Schiffsrumpf erinnern. Oder auch an eine Arche.

Zunächst mal geht es hinab ins Untergeschoss. Und da

steht er auch schon, unübersehbar der Chef, auch wenn er so gar keine Insignien der Macht an sich zeigt. Jan Marquardt trägt zur schwarzen Jeans einen legeren Wollpullover, man sieht einen akkurat gebügelten Kragen. Er ist sehr freundlich, nicht nur zu mir. So wie er auftritt, könnte er auch das honorige Mitglied eines Herrenklubs sein oder ein Unternehmer, der den hanseatischen Blazer mit den Goldknöpfen gerade mal weggehängt hat. Manager stimmt, nur managt er jetzt eben eine Sozialstation für Obdachlose. Von seinem früheren Leben ist Jan Marquardt herabgestiegen ins Unterdeck des Lebens. Zu den Vergessenen. Den Lästigen. Er deichselt den Laden nicht aus der Entfernung, sondern sitzt mittendrin, täglich von neun bis 18 Uhr. Eine Kehrtwende von der Senator-Lounge internationaler Flughäfen in ein schmuckloses Büro mit kasernengrauen Wänden.

In den folgenden Stunden, unterbrochen nur von der Essenausgabe und den Anfragen seiner Besucher, wird Marquardt von seinem Werdegang erzählen. Im Mittelpunkt seiner Geschichten steht der innere Kompass, der ihm irgendwo über den Wolken abhanden kam.

Zunächst gibt es eine Führung durch seinen Wirkungsbereich. Im Flur stolpern wir über einen Hund mit hellblauen Augen und schwarz-weiß gesträhntem Fell. »Das ist Akira, ein Husky«, erläutert Marquardt. Hunde haben Zutritt, denn ohne ihre treuen Begleiter würden auch deren Besitzer draußen bleiben, und außen vor ist hier niemand, das gehört zum Prinzip einer Arche. Die Vierbeiner werden genauso versorgt wie die Zweibeiner, nur in die Küche dürfen sie nicht. Akira trabt zu einem Tisch, an dem vier Männer sitzen, und rollt sich zusammen. Über die Hälfte der Besucher sind Stammgäste, erscheinen von sieben bis zehn Uhr zum Frühstück

und von zwei bis fünf Uhr zum Mittagessen. Manchmal auch zu beiden Essensausgaben, weggeschickt wird keiner. In der Kantine stehen zwei ehrenamtliche Mitarbeiter und füllen Essen auf, das heute wegen der Corona-Pandemie durchs offene Fenster gereicht wird. Täglich gibt es zwei Menüs zur Auswahl, an diesem Tag Chili con Carne, danach Milchreis, Äpfel und Wellnesswasser mit Ingwergeschmack. Auf dem Gang stapeln sich Paletten mit Konserven, eingeschweißte Spätzle und Dosen mit Getränken. Weil die Restaurants in diesen kontaminierten Frühlingswochen schließen müssen, wird viel gespendet, die Vorratslage ist gut.

Marquardt geht voran und zeigt, für welche Bereiche seine Sozialstation ausgerüstet ist. Zunächst das Arztzimmer sowie eine komplette Zahnarztpraxis, in dem die »Gäste«, wie sie hier genannt werden, auch zahnmedizinisch versorgt werden. Dann der Duschraum. Es folgt die Vorratskammer, gefüllt mit Konserven, Nudeln, Reis und Getränkedosen, die von

der Hamburger Tafel oder Sponsoren gespendet werden. Marquardt dreht eine Dose mit Ravioli um, deren Verfallsdatum noch in weiter Ferne liegt. »Da wollte uns wohl jemand etwas Gutes tun.« Er weist mit der Hand über die ordentlich gefüllten Regale: »Das würde hier für mindestens drei Wochen reichen.« Es folgt die Kleiderkammer, prall gefüllt mit Jacken, Hosen und allerlei Brauchbarem wie Schals und Schuhen. Ein Aushang macht darauf aufmerksam, dass die Frauen sich zu besonderen Zeiten einkleiden dürfen. Unterschrieben: »Eure Kleider-Feen«. Ein kleiner Verweis auf die Schreibweise des »CaFée mit Herz«, das an jene Zauberwesen erinnern soll, die im Stillen Gutes tun. Marquardt erläutert: »Etwa 30 Prozent unserer Gäste sind Frauen, die ihre Obdachlosigkeit nur besser kaschieren, weil sie sich gegen Übergriffe wappnen wollen.« Wenn er an seine ersten Tage hier im Untergeschoss des ehemaligen Hafenkrankenhauses zurückdenkt, an seinen blauäugigen Blick, der bestimmte Zeichen noch nicht einordnen konnte, muss er den Kopf schütteln. »Am ersten Tag tauchte hier eine Frau auf, sehr gepflegt, mit Rollkoffer, die hätte ich auf den ersten Blick als Chefsekretärin eingeordnet. Nur an den abgetretenen Absätzen habe ich gemerkt, dass sie womöglich doch einer unserer Gäste ist.« Mein Blick bleibt an einem Farbtupfer hängen: Auf einem Absatz stehen rote Pumps mit Plateausohle und sehr hohen Absätzen. Passen gut nach St. Pauli, aber eher nicht in eine Sozialstation. Marquardt lacht: »Dabei sage ich immer: Was wir hier nicht brauchen, ist das kleine Schwarze!«

Was sie hier dringend brauchen, ist Jan Marquardt. Einer, der die Brücke schlägt zwischen der Kälte der Straßen und dem Stützpunkt hier unten, wo sich die Unbehausten an einer Suppe wärmen dürfen und an einem Gespräch.

Rückblick auf das Managerleben

Wir wechseln in das Vorzimmer seines kleinen Büros, das heute verwaist ist, weil er seine Mitarbeiterin in Corona-Quarantäne geschickt hat. Nüchtern sieht es hier aus, die Wände bleigrau, irgendwann würde er gern neu streichen lassen. In seinem früheren Leben war Marquardt einer jener beruflichen Überflieger, die am Montag noch nicht wissen, wo sie am Mittwoch sein werden. Seine in den USA ansässige Firma schickt ihn als Geschäftsführer quer durch Europa, wobei Europa für das amerikanische Headoffice von Norwegen bis Dubai reicht, vom Ural bis Südafrika. Die letzten zwölf Jahre seines Managerlebens vertreibt er winzig kleine Mikroglasperlen, die als Reflexionskörper in Straßenmarkierungen verwendet oder in Handys eingebaut werden, als Trenner sozusagen, damit sich die einzelnen Komponenten nicht wechselseitig beeinflussen. »Ich könnte Ihnen jetzt 80 Einsatzmöglichkeiten nennen!« Sechs Standorte betreibt die Firma, zwischen ebenso vielen Büros hastet der Geschäftsmann hin und her. Die reale Welt erlebt er wie hinter Milchglasscheiben, und manchmal ist er froh, wenn das, was draußen vorbeifliegt, nur in Umrissen deutlich wird. Dennoch gibt es Momente, in denen er hautnah erlebt, wie wenig anderswo ein Menschenleben zählt. Wenn Jan Marquardt aus dieser Zeit berichtet, dann klingt es fast beiläufig, der norddeutsche Tonfall überdeckt die persönliche Betroffenheit, nur an den Pausen lässt sich ablesen, was ihn bis heute verfolgt. Das Erlebnis auf einer Schnellstraße in St. Petersburg etwa. Auf der Fahrt vom Hotel ins Büro sieht er einen offenbar Schwerverletzten an der Leitplanke liegen. Marquardt rüttelt den Fahrer: »Da muss man doch etwas tun?« »Da wird schon jemand kommen«, beschwichtigt der. Drei Stunden später, auf dem Rückweg, liegt der Verletzte immer noch da, jetzt mit einem Brillenhämatom um die Augen, was – so Marquardt – wohl auf einen Schädelbasisbruch deuten könnte. »Irgendwann ist bestimmt auch jemand gekommen, fragt sich nur, ob es dann nicht zu spät war.« Marquardt macht eine Pause, erwähnt dann die Straßenkinder in São Paulo, die er auf seinen Reisen gesehen hat. Oder die in Mexiko. So viele Chancenlose, an denen er vorbeifährt und deren Bilder ihn nicht loslassen. Dazu die beruflichen Härten, die er selbst ausüben muss.

Er erinnert sich an die Situation, als er auf Anweisung aus den USA ein deutsches Werk schließen muss, wie er vor 150 Mitarbeiterinnen und Mitarbeitern steht und ihnen erklärt, dass ihr Arbeitsplatz wegrationalisiert wird. »Das war ein gut funktionierendes Werk. Da hat es mich zerrissen, innen schrie es richtig, dass das nicht richtig ist.«

Mitte 50 ist Marquardt, als er sich die Frage stellt, die in der Mitte des Lebens immer drängender wird. Ist es das, was du den Rest deines Berufslebens machen willst? Innerlich vernimmt er schon länger einen Warnton, der sich nicht mehr abstellen lässt. Er leidet unter Schlafstörungen, fühlt sich unausgeglichen. Noch ist es kein Burnout, das ihn ausbremst, noch nicht, »aber ich hatte das Gefühl, da kommt eine graue Wand aus Erschöpfung auf mich zu«.

Einen Resturlaub nutzt er, um seinem Bedürfnis nach Veränderung auf die Spur zu kommen. Er beschließt, in der Bahnhofsmission Elmshorn zu hospitieren. Diese Einrichtung hat ihn immer schon interessiert, wenn er mit seinem Aktenkoffer auf irgendeinem Bahnsteig stand und die Helfer in ihren blauen Westen sah. Elmshorn sucht er sich wegen der Nähe zu seinem Wohnort aus. Dass dort Inklusion gilt, dass er mit vielen Menschen mit Einschränkungen zusammentreffen wird, weiß er vorher nicht. Was als Probelauf gedacht war, erweist sich als seelischer Schleudergang. »Das war so völlig konträr zu der Umgebung, in der ich bisher unterwegs war. Am Ende der Woche war ich fix und fertig, habe gerade noch die ›Tagesschau‹ geschafft, dann bekam ich auf der Couch sitzend den Kreuzblick und musste ins Bett.« Das Überraschende: »Es fühlte sich richtig an.«

Der innere Kompass zeigt endlich in eine neue Richtung. Marquardt nimmt sich ein Sabbatjahr und geht zunächst als Ehrenamtler, später für einige Monate festangestellt als Schichtleiter in die Seemannsmission im Hamburger Hafen. Die Männer, die die Mission ansteuern, sind Seeleute, die oft seit Monaten auf den Meeren waren, die einfach mal ankommen wollen. In Ruhe telefonieren, ein Bier trinken, Geld nach Hause schicken, sich ausquatschen. Oder, wie Marquardt norddeutsch nassforsch formuliert: »Einfach mal andere Menschen sehen als die immer gleichen Pappnasen an Bord.« Eine Heimat auf Zeit, sagt er, sei die Seemannsmission.

Heimat. Das Wort steht im Raum und klingt nach. Vielleicht ist das auch ein Dreh-und Angelpunkt bei der Sinnsuche dieses Managers? »Darüber habe ich noch gar nicht so richtig nachgedacht.« Er überlegt, beginnt dann zu erzählen. Der Verlust von Heimat prägte die Familie wie so viele, in denen die Kinder und Heranwachsenden sich die Flucht- und Kriegserfahrungen der Eltern anhörten. Marquardts Mutter, Jahrgang 26, kam als Flüchtling aus dem Osten, der Vater wurde mit 16 zur Flak eingezogen, geriet als 17-Jähriger in Kriegsgefangenschaft und wäre dort fast verhungert. Das Thema Flucht und Krieg läuft als Unterfaden in vielen Gesprächen mit, setzt sich auch in dem zuhörenden Jungen fest.

Es gibt die These, dass Kriegserlebnisse und Traumata an die nächsten Generationen weitervererbt werden. Jan Marquardt kann das nur bestätigen: »Ich hatte immer Angst, etwas zu verlieren.« Wie es wohl öfter vorkommt mit unterschwelligen Ängsten, holt ihn genau dieses Thema ein, als die Familie das Haus, in dem er aufgewachsen ist, ganz kurzfristig aus wirtschaftlichen Gründen verkaufen muss. Die Eltern ziehen ins Rheinland weiter, dass er in Hamburg bleibt, wird stillschweigend vorausgesetzt. Motto: »Und was hast du so vor?« Gerade 20 ist er, als er von jetzt auf gleich auf sich selbst gestellt ist. Marquardt lacht: »Ich wäre gerne noch ein bisschen im Hotel Mama geblieben.« Jan Marquardt sucht seinen Weg, macht eine Lehre als Im- und Exportkaufmann, hängt später noch eine Ausbildung zum Industriefachwirt an. Und weil er immer noch nicht zufrieden ist mit seinem beruflichen Rüstzeug, studiert er später noch berufsbegleitend BWL. Er heiratet und bekommt mit seiner Frau, einer Kinderkrankenschwester, drei Kinder: Die jüngste Tochter arbeitet heute als Krankenschwester, der mittlere Sohn für eine Tierschutzorganisation, die älteste Tochter studierte Islamwissenschaften und arbeitete für »Fördern und Wohnen«. Seine Familie ist sein Zuhause, beruflich strebt er nach neuen Ufern.

Ich möchte dieser Gesellschaft etwas zurückgeben

Nach seinem Jahr bei der Seemannsmission ist für Marquardt klar: »Ich will nicht zurück ins Wirtschaftsleben.« Aber was nun? Zunächst erobert er sich neue Räume zwischen Himmel und Erde, diesmal spielerisch, nur dem eigenen Antrieb folgend: Er lernt Gleitschirmfliegen, danach wandert er entlang des Thüringer Rennsteigs, so wie es schon Goethe tat. Und er stolpert über eine Anzeige, in der ein Geschäftsführer für das »CaFée mit Herz« gesucht wird. Seit dem Jahr 2000 gibt es diese Einrichtung, die arme und obdachlose Menschen mit Nahrung und Kleidung versorgt, aber auch mit Unterstützung bei Behördengängen. Nach dem frühen Tod des Gründers wurde der soziale Hafen zwölf Jahre lang von einer Geschäftsführerin geleitet, ihr Nachfolger blieb nur ein Jahr, nun also Jan Marquardt. Drei Mitglieder des Vorstandes examinieren den Manager, der ein neues Leben sucht, lassen ihn über sich selbst erzählen. Was ihn qualifiziert, sind Lebenserfahrung, Führungserfahrung und betriebswirtschaftliche Kenntnisse. Was darüber hinaus den Ausschlag gibt, ist sein

Glaubenssatz, der viel mit Dankbarkeit zu tun hat: »Ich durfte in diesem Land in Frieden und Freiheit leben, es geht mir wirtschaftlich gut, ich habe tolle Kinder, eine wunderbare Familie, ich möchte dieser Gesellschaft auch mal ein bisschen was zurückgeben.« Marquardt hat den Job. Das Gehalt als Geschäftsführer entspricht etwa 20 Prozent seiner früheren Bezüge.

»Herzlich willkommen, legen Sie los« – so ungefähr lautet die Begrüßung. Und Marquardt krempelt die Ärmel hoch: Spricht mit Sponsoren, denn der soziale Hafen lebt ausschließlich von Spenden. Redet mit Journalistinnen und Journalisten, denn der Anlaufpunkt lebt auch davon, bekannt zu sein. Nach einem Auftritt in der »NDR Talk Show« meldet sich eine Firma aus dem bayerischen Augsburg, die ihm eine Palette mit Getränken schickt. Da muss er selbst staunen: »Bis nach Bayern werden die gesehen?«

Er entwickelt die Einsatzpläne für fünf Festangestellte und 25 Ehrenamtliche. Er verwaltet das jährliche Budget von rund 600 000 Euro, die Sach- und Geldspenden sind darin eingerechnet. Er packt mit an, wo er gebraucht wird. »Ich bin hier zuständig für alles«, sagt er. Wohl wahr: An seinem ersten Tag lotst ihn ein ehrenamtlicher Mitarbeiter gleich für eine Stunde in die Küche zum Zwiebelschälen. Kein Problem. Heute stellt er sich hinter die Essenausgabe und verteilt Milchreis mit Früchten. Wenn Not am Mann ist, wechselt er zusammen mit dem Sozialarbeiter in die Küche und hilft beim Gemüseschneiden.

Vor dem Bürofenster wird es plötzlich laut, es gibt Gerangel in der Reihenfolge der Essenausgabe. Manchmal muss Marquardt eine Ansage machen, immer kann er sich dabei auf die Unterstützung der Ehrenamtlichen verlassen, die oft selbst in der Obdachlosigkeit lebten. So zugewandt er wirkt, so bestimmt kann er sein, wenn es um die drei Tabus im Untergeschoss geht: kein Alkohol, keine Drogen, keine Gewalt. »Wir haben hier manchmal 45 Leute sitzen. Die sollen in Ruhe mal die Füße durchstrecken dürfen und nicht von einem durchgeknallten Spacken aufgemischt werden.« Wenn er will, kann er sehr deutlich sein. Meistens aber gibt er einen verbindlichen Ton vor, in dem das »Sie« wichtig ist. Ein Zeichen von Respekt für diese Menschen, die ganz unten angekommen sind. Seine »Gäste« kommen teilweise aus Osteuropa, die meisten aus Polen. Etwa 50 Prozent sind Deutsche. Oft tut es ihm leid, wenn er sieht, wie schnell einer abrutscht, erst den Job verliert, dann die Wohnung. »Manchmal denke ich aber auch: Der könnte es schaffen, wenn er den Hintern nur hochkriegen würde.« Es nützt aber nichts, mit dem erhobenen Zeigefinger anzutreten, mit Ratschlägen und Ermahnungen. Es hilft auch nichts, nur die Sachaussage zu hören und kein Gespür dafür zu entwickeln, welche Not, welcher Wunsch dahintersteht. Er hat erfahren, wie wichtig es ist, einfach zuzuhören, mit einem Pott Kaffee in der Hand. »Wohlwollend zuzuhören.«

Seit Jan Marquardt im Unterdeck des Lebens arbeitet, hat er einen Einblick in jenen Bereich der Politik genommen, wo kein Lobbyist eilfertig seine Sache vertritt, kein Politiker wohlfeile Thesen drischt. Seine Gäste haben keine Lobby, die haben Hunger. Im Europa der offenen Grenzen hat sich eine kleine Völkerwanderung in Gang gesetzt. Da kommen Erntehelfer aus Rumänien oder Bulgarien, die nach ihrem Einsatz ohne Bezahlung vor die Tür gesetzt werden. Einen kalten Spruch gibt's obendrauf: »Du kannst ja klagen.« Es kommen auch Glückssucher, die völlig falsche Vorstellungen vom goldenen Westen haben und hier stranden.

Es müsste europaweit einheitliche Sozialstandards geben, findet Marquardt. Gibt es aber nicht, noch nicht mal in Deutschland. Also landen viele in der Seewartenstraße, wo morgens ein Frühstück ausgegeben wird, mittags ein Essen, wo es eine Dusche gibt, frische Kleidung – vor allem aber einen Blick und ein Wort. »Die meisten Obdachlosen werden ja ignoriert. Das ist überhaupt das Schlimmste, einfach nicht gesehen zu werden.«

Jan Marquardt würde es dabei nicht genügen, morgens seine Jacke aufzuhängen, seinen Dienst zu tun und abends wieder nach Hause zu gehen. »So nach dem Motto ›… und täglich grüßt das Murmeltier‹?«, lacht er. Nicht mit ihm. Drei Wohnungen sollen demnächst angemietet werden, in denen einige seiner Gäste für einige Monate unterkommen, damit sie mal wieder erfahren, wie sich ein Dach über dem Kopf anfühlt. Wo ihnen dabei geholfen wird, die ersten Schritte in ein normales Leben zu gehen und wieder Hoffnung zu haben. Kein Auffangbecken auf Dauer sollen die Wohnungen sein, aber ein Schutzraum auf Zeit. »Bei den ersten beiden Schritten helfen wir, beim dritten stehen wir hinter ihnen, den vierten müssen sie allein gehen.«

Ein Mann im zerrissenen Anorak rüttelt an der Tür, es ist dringend. Sehr dringend, er braucht eine Toilette! Der Sozialarbeiter kommt und rennt, die Toilette ist verschlossen, ausgerechnet. Schnell, schnell, der Ersatzschlüssel, es ist eine typische Situation, es geht hier um essenzielle Bedürfnisse.

So ziemlich am Anfang seiner neuen Aufgabe stand ein Mann in der Tür, der ihn fassungslos machte. Beinamputiert, mit Gehhilfen, verwahrlost, verdreckt. Marquardt war hilflos. Sollte er die 112 wählen? Da kommt einer seiner Ehrenamtlichen, selbst ehemals obdachlos. Er nimmt ihm den Mann ab, führt ihn zum Duschen, entsorgt dessen Kleidung, gibt ihm neue. Marquardts Augen schimmern jetzt. »Was wir hier insgesamt machen, ist ein Akt der Menschlichkeit. Was der gemacht hat, war ein Akt der Barmherzigkeit.« Überhaupt seine Mannschaft: »Ohne die wäre ich nichts.«

In die »NDR Talk Show« nimmt er einen engen Mitarbeiter mit, der früher selbst obdachlos war. Vor laufenden Kameras überreicht er der Moderatorin Barbara Schöneberger ein gelbes T-Shirt mit dem Emblem des sozialen Hafens. Die Schöneberger streift das T-Shirt über, der Mann neben ihr steht sekundenlang im Scheinwerferlicht. Er wird gesehen.

Es gibt durchaus hoffnungsvolle Beispiele, von dem jungen Paar etwa, das jahrelang Platte machte und sich endlich aufrappelt und ein Modelabel gründet. »Middlefinger Streetwear«. Die beiden haben einen Katalog zusammengestellt, den schiebt er jetzt über den Tisch.

Jan Marquardt ist da gelandet, wo er gebraucht wird. Als Mensch und als Manager. Wenige Monate nach Amtsantritt ereilt ihn und seine Arche die Corona-Krise, in der viele andere Hilfseinrichtungen die Türen schließen. Er nicht: »Ich bin kein Schönwetterkapitän.« Im Gegenteil: In diesen schweren Zeiten macht er seinen Hafen zusätzlich auch noch am Wochenende auf. Und weil die Abstandsregeln im Speiseraum nicht einzuhalten sind und es für die Speisung vor der Tür zu kalt wird, lässt er vor seinem sozialen Hafen ein Zelt erreichten. Niemand wird abgewiesen, niemand bleibt zurück.

www.cafeemitherz.de

Harald Quint

Der Banker und das liebe Vieh

Eigentlich wollte der Bankdirektor mit einem Bauernhof nur ein krisensicheres Investment haben. Dann ging einiges schief, und er musste selbst anpacken. Heute ist sein Biobauernhof »Vogelfängerkaten« ein Fall von Liebe

SWITCH Du bist ewig für das verantwortlich, was du dir vertraut gemacht hast

Gleich hinter der Einfahrt beginnt der Einstieg ins Bilderbuch: Auf dem Hof scharren braungefiederte Hühner jener Sorte, wie Kinder sie gern in Ausmalbücher kritzeln. Ein paar Schritte weiter rekeln sich beleibte Säue mit schwarz-weißem Fell in ihren strohgepolsterten Koben. Weiter hinten drängen sich wollige graue Schafe an einem Holzzaun, als Kulisse unzählige Obstbäume in weißschaumiger Blütenpracht. Und war da nicht eben ein Summen in der Luft? Ein Hauch von einem Flügelschlag?

Ach, denkt die Besucherin aus der Stadt: Es gibt sie also noch, die Bauernhöfe aus Kinderland, wo die Füße über Kopfsteinpflaster tappen und dicke Katzen auf Fensterbänken lagern, wo morgens die Hähne krähen und abends die Hühner auf ihre Stangen hüpfen, um verlässlich ein Ei zu legen. »Vogelfängerkaten« steht an der Einfahrt zum Hof, die Schrift nicht zu wuchtig, nicht zu schnörkelig, man merkt die Handschrift eines guten Grafikers. Darunter »Freilaufender Bio-

Obsthof«. Ich amüsiere mich über das ironisch gemeinte Label und winke dem Hofbesitzer zu, der unter einem Verschlag stehend einem Helfer Anweisungen gibt. Harald Quint (66) trägt an diesem kühlen Frühlingstag ein kurzärmeliges Polohemd, was gleich mal signalisiert, dass einem beim Arbeiten warm wird. Und prompt ist dann auch schon Schluss mit der Idylle.

Quint eilt zum Tor und bedeutet mir, mit ihm zusammen die Hühner einzufangen, die mit vorgereckten Schnäbeln Richtung Straße stürzen. Schnell vor die Einfahrt gestellt und die Arme ausgebreitet! Dann entschuldigt er sich kurz, um beim Bau des Schuppens weitere Anweisungen zu geben. Der Hof geht vor, alles andere muss warten. Endlich sitzen wir uns im Hofcafé gegenüber, eine Kanne Kaffee in der Mitte, eine der vielen Katzen um die Beine streichend.

Der Hof »Vogelfängerkaten« erzählt die Geschichte eines Bankers, der auszog, Bauer zu werden. Was genau genommen zu kurz greift, denn der Jurist und Bankdirektor wurde nicht einfach Bauer, sondern gleich auch Öko-Unternehmer, Forscher, Biologe, ein wenig Anthroposoph, also einer, der die Verbindung zwischen Mensch, Natur und Kosmos sucht. Ein Mann, der mit Mitte 50 die Last des Bankdirektors abwirft, um sich die Verantwortung für Haus, Hof, Obst und Tiere aufzuladen. Hat sich der Wechsel gelohnt?

Wer über das Anwesen stapft, bei Regen am besten mit Gummistiefeln, rutscht ziemlich unsanft zwischen Idylle und Realität hin und her. Und lernt einen Mann kennen, der nur auf den ersten Blick sehr nüchtern tickt: Die Diktion des Bankers ist das eine – die Leidenschaft für all die Projekte und Unternehmungen auf seinem Hof das andere. »Hinter jedem erfolgreichen Mann steht eine Frau, die mit den Augen rollt«, heißt es auf der Website des Vogelfängerkaten. Stimmt nicht ganz, denn Bianca Quint, die in wärmender Steppweste kurz hereinschaut, guckt nicht nur zu, sondern packt mit an und betreibt den Hofladen und das Café. Unter der Woche arbeitet sie als Kunsterzieherin an einer Privatschule in Lübeck. Was aber wohl zutrifft, ist die Notwendigkeit zur Nachsicht mit dem eigenwilligen Mann an ihrer Seite. »Niemand ohne Dickschädel würde das alles hier in Serie durchziehen«, räumt Quint ein. »Es gibt immer neue Projekte. Da muss sie durch.«

Die große Wende im Leben des Harald Quint war eigentlich gar nicht geplant. Begonnen hatte alles mit jener Kosten-Nutzen-Rechnung, wie sie zu einem Finanzexperten passt und emotionsloser kaum sein könnte. »Es gab die Überlegung, ein inflationsarmes Investment zu tätigen«, sagt der Jurist und Steuerfachmann, zuletzt einer der Direktoren des feinen Bankhauses Schröder, Münchmeyer, Hengst & Co. am Ballindamm, wo er für internationale Finanzierungen zuständig war. Auf der Suche nach geeignetem Grund fährt er 2007 mit einem potenziellen Pächter über Land bis an die polnische Grenze und lernt gleich mal die Koordinaten eines Landerwerbs kennen. Mal ist das Gelände zu kuppig, mal passt der Boden nicht oder es stehen alte Gebäude darauf. Nach langem Suchen gerät Linau im Kreis Lauenburg in den Blick, Vogelfängerkaten 1, benannt nach dem früheren Vogelfang in der Region. Ein Dorf im Dornröschenschlaf. Wer von Hamburg aus anreist, fährt durch das Naturschutzgebiet Hahnheide, inhaliert bei heruntergekurbelten Fenstern den Duft von Waldmeister und hört Frösche quaken. Linau also. Mit alten Gebäuden besetzt, heruntergekommen, aber sonst scheint alles zu passen. Der Bankdirektor schlägt ein. Eine

Entscheidung, die sein Leben ändern wird. Was er übernimmt, erweist sich als Mammutaufgabe: 50 Jahre Misswirtschaft zeichnen den Hof, die Gebäude marode, Schrott und Müll in allen Ecken. Im früheren Kuhstall, der als Werkstatt genutzt wurde, noch Mist von Tieren, die dort seit Jahrzehnten nicht mehr stehen. 14 Hektar umfasst das Investment. Und nun?

Quint krempelt die Ärmel hoch und das im doppelten Sinne: Das kurzärmelige Polohemd, das er sommers wie winters in wechselnden Variationen trägt, ist durchaus als Statement zu sehen. »Das ist eine genetische Vererbung«, grinst er. »Erst ab sechs Grad wird mir kühl.« Der ehemalige Banker gehört zu den Menschen, die ungern große Worte machen. Gefühlsbekundungen sind ihm kaum zu entlocken. Wo andere womöglich vom Glück der Naturnähe schwärmen, erzählt er nüchtern von den Stichen der Honigbienen, die er sich anfangs einfing: »40. Am Hinterkopf noch mehr.« Heute brummen 300 000 sanftmütige Wildbienen in der Obstbaumplantage und befruchten die Blüten. Wenn andere über den natürlichen Rhythmus der Natur jauchzen mögen, wo man mit dem ersten Hahnenschrei aus dem Bett springt, bemerkt er trocken: »Der Hahn ist lange vor mir wach.« Was nicht bedeutet, dass er lange schläft: Der Tag beginnt morgens um sieben und endet genau genommen nie.

Harald Quint haucht dem maroden Hof wieder Leben ein, und er gibt ihm seine Geschichte und sein ursprüngliches Gesicht zurück. Der zubetonierte Hofplatz wird aufgerissen und durch Kopfsteinpflaster ersetzt. In die Mitte des Anwesens lässt er eine alte Scheune setzen, die in der Nähe von Uelzen abgerissen und in Linau um einige Meter verkleinert wiederaufgebaut wird. »Da haben 14 Zimmerleute ein Jahr lang dran gearbeitet.« Aus dem früheren Kuhstall, in dem vorübergehend an Motorrädern geschraubt wurde, wird das Hofcafé, in dem Ehefrau Bianca am Wochenende selbst gemachte Torten und Obstkuchen vom Blech anbietet. Nordisch kühl ist das Design, kein Kitsch, nirgends. An der Decke ein zarter Hauch von Blau, aus früheren Dekaden. »Eine Helferin wollte das Café mal neu streichen, der hab ich gesagt: So ein Blau wie da oben kriegen Sie heute gar nicht mehr hin.« Harald Quint, der nüchterne Rechner, hat einen achtsamen, genauen Blick. Hinzu kommt sein Anliegen, seine Mission. Wenn schon ein Investment, dann ein innovatives, das er aus dem Hintergrund mit neuen Ideen speist. 16 000 Obstbäume werden gepflanzt, darunter viele alte Sorten, eine kleine, feine Plantage, in der Bäume noch wie Bäume aussehen, nicht zwergwüchsig und erntefreundlich wie teilweise im Alten Land.

Aber dann kommt der heiße Sommer 2010, der zum Sommer der Entscheidung werden soll. An einem gleißenden Wochenende besucht der Banker, der bis dato noch in Lübeck wohnt, seinen Hof und sieht ein Bild des Jammers. Die Plantage ausgetrocknet, der Boden rissig. Es trifft ihn ins Mark. Er ruft seinen Gartenbauingenieur an, der zunächst nicht zu erreichen ist, und fragt, ob er das ernst meine, die Bäume in der Gluthitze verdorren zu lassen. »Der meinte das ernst. Da habe ich ihn nach Hause geschickt.« Es kommt zum Arbeitsgerichtsprozess, den Quint gewinnt, obwohl das Arbeitsgericht Lübeck als ausgesprochen arbeitnehmerfreundlich gilt. »Ich habe dem Vorsitzenden Richter, der selbst einen Kleingarten besitzt, nur die Bilder gezeigt.«

Was aus Kuhhörnern und Löwenzahn erwächst

Wie weiter? Ein neuer Pächter ist schwer zu finden. »Die sitzen am Bodensee und wollen nicht weg. Oder die sitzen im Alten Land und wollen nicht weg.« Er selbst kann nicht zwei Jobs gleichzeitig ausüben. »Banker und Bauer, das lässt sich nicht darstellen.« Harald Quint trifft eine Entscheidung, die sein Leben verändert. Er löst sich aus dem Bankbetrieb, den Gesprächen um Kredite und Investments und sattelt um. Obstbauer also. Mehr noch: Ökobauer und Pionier, denn Wege, die andere schon plattgetreten haben, sind keine Herausforderung für ihn. Der Hof wird sein Experimentierfeld. Seinen Vogelfängerkaten richtet Quint nach Demeter-Grundsätzen aus, dem strengsten Ökosiegel, das es gibt, basierend auf der Lehre von Rudolf Steiner, dem Begründer der Anthroposophie. So soll der Kompost mit Löwenzahn, Eichenrinde und Brennnessel geimpft werden – »da finden kosmische Sachen statt«, so Quint. Getreu der Steiner'schen Weltsicht sollte ein überzeugter Demeter-Jünger auf seinem Grund sogar ein Kuhhorn mit Erde vergraben. Quint lächelt. Kuhhörner sind nicht so seins, aber er befolgt die Regeln der Humusbildung nach anthroposophischen Vorgaben: »Ich nehme jemanden, der diese Präparate fertigt und bringe sie dann selbst aus, das ist Verpflichtung.« Besonders streng sind die Demeter-Regeln bei der Kontrolle der Kreislaufwirtschaft. Es dürfen nur so viele Tiere gehalten werden, wie der Hof auch füttern kann. Wenn nicht, muss der Landwirt kooperieren. Das geht dann so: Ein Kollege bei Mölln betreibt Ackerbau, hat keinen Platz, um sich Tiere anzuschaffen, braucht aber vernünftigen Dünger. Auch ein Biobauer muss nämlich düngen, allerdings nur mit natürlich vorkommenden Mitteln. Die 900 Hühner auf dem »Vogelfängerkaten«

wiederum produzieren 20 Tonnen Mist im Jahr, viel mehr, als Quint auf seiner Plantage verarbeiten kann. Der Deal liegt auf der Hand: Der Kollege kriegt den Hühnerkot, Quint dessen Getreide und Futter. So ist ein virtueller Hof geschaffen und der Kreislauf wieder geschlossen. Die Kontrolleure, die zweimal im Jahr auftauchen, oft unangemeldet, können zufrieden sein.

Damit nicht genug. Wenn schon ein eigener Hof, dann auch gleich eine Arche für vom Aussterben bedrohte Rassen. »Ich achte darauf: Was kann man erhalten, was ist bedroht?« Im Stall suhlen sich zwei kroatische Turopolje-Schweine. Von dieser Rasse gibt es weltweit vielleicht 500, wenn überhaupt. Die Sau soll irgendwann trächtig werden, sofern sich der passende Eber findet. Ihr feister Kompagnon ist kastriert und lungert nur zur Gesellschaft im Koben herum. Der besondere Speck, den die Tiere liefern – ein bei Feinschmeckern beliebter Lardo – ist das eine, das Tierwohl das andere. »Tiere alleine zu halten macht keinen Sinn«, so Quint auf seine knochentrockene Art. Auch Tiere sind nämlich nicht gern allein, gerade gesellige Borstenviecher brauchen ihre dicken Kumpel, aber das würde er so wohl nicht sagen – Harald Quint hält sich gern an die Fakten, die Liebe zu Haus und Hof schwingt unausgesprochen mit. Seine Hühner lässt er anfangs in einem mobilen Planwagen durch die Plantage karren und dort nach Ungeziefer picken. Hat hier aber leider die Rechnung ohne den Wirt gemacht: Der Fuchs räubert sich durch die Hühnerschar, bis Quint einen gesicherten Stall bauen lässt. Romantik ist eben das eine, Realität das andere. Bei den Schafen setzt er auf das grauwollige pommersche Landschaf, eine alte Rasse, die mehr Fleisch als Wolle gibt. Dass die robusten Tiere immer mal wieder seine selbst gebauten Holzzäune umrempeln und an den Stockrosen vor dem Wohnzimmerfenster reißen – sei's drum. Und dann die Gänse! Zwölf Eier der seltenen fränkischen Landgans hat ihm ein befreundeter Landwirt geschenkt, die Küken sind kürzlich geschlüpft. Wo die aufwachsen? Ich sehe mich um auf der großen Tenne mit den Regalen des Hofladens und dem alten französischen Uhrwerk und meine, ein leises Geräusch zu hören. Bianca Quint öffnet die Tür zum Wohnzimmer, wo es in jenen Tagen streng riecht, weil in einer großen, strohgefüllten Pappkiste zwölf dottergelbe Gänseküken leben und durchdringend tschilpen. Zweimal am Tag dürfen die Hausgäste raus und watscheln übereinander stürzend hinter ihrem Ziehvater her.

Der Banker, der sich selbst zum Bauern machte, musste anfangs viel lernen. Er holt sich Rat beim Ring der Ökobauern, liest viel in Fachbüchern, besucht andere Höfe, fährt bis nach Holland, um sich zu informieren. »Die Holländer sind gut in Birnen.« Er lernt sogar das Schlachten, denn wer A sagt, muss auch B sagen. Trotzdem muss er reichlich Lehrgeld zahlen: »Ach, die Fehler sind Legion!«

Empfiehlt ihm der Berater doch zum Freihalten der Baumstämme ein einarmiges Unterstockgerät. Der Neubauer braucht eine ganze Woche, um sich durch die Plantage zu roden. Das war nicht sinnvoll. Er kauft ein zweiarmiges und ist in zwei Tagen fertig. Oder bei der Spritze für Düngemittel: Die Empfehlung für seine Plantagengröße lautet 1000 Liter, auch das dauert alles viel zu lange. Quint kauft eine mit 1500 Litern Fassungsvermögen und schafft die Plantage in weniger Stunden und weniger Stopps.

Einstellung und Haltung und Liebe

Machen wir uns auf den Weg durch die Obstplantage, wo jetzt im Frühling die Bäume voller Blüten hängen und im Spätsommer hoffentlich voller Äpfel. 230 Tonnen erntet er in einem Jahr. Aus zwei Bienenstöcken tönt heftiges Summen, die Hühner scharren zwischen den Baumreihen, aber Quint denkt schon an den nächsten Arbeitsschritt. Was er betreibt, ist genau genommen eine Wissenschaft unter den erschwerten Bedingungen des Bioanbaus. »Gegen Pilze, das Hauptproblem im Obstbau, spritzen wir Schwefel und Kupfer. Kupfer wird in sehr kleinen Mengen ausgebracht.« Warum machen das nicht viel mehr Landwirte? »Die synthetischen Düngemittel wirken deutlich besser. Wenn ich Schwefel ausbringe, muss es mindestens zehn Grad draußen sein. Und dann gibt es eine bestimmte Regenmenge, wenn die runtergelaufen ist, dann ist Ende Gelände.« Es ist auch nicht so, dass die Natur den behutsamen Umgang mit einer üppigen Ernte entlohnt. Ganz im Gegenteil: »Der Ertrag ist kleiner, das sind keine Mittel, die hundertprozentig wirken. Da gibt es in der Technik Probleme, da ist eine Düse ausgefallen, da sind die Äpfel durch das Kupfer berostet, deshalb läuft das alles unter Handesklasse II statt I.« Ganz nebenbei, damit nur kein Pathosverdacht aufkommt, sagt er den Satz, der sein neues Leben erklären mag: »Man muss eben eine Einstellung dazu haben.« Einstellung meint Haltung. Vielleicht sogar Liebe. Wenn die Bauern anders düngten und die Konsumenten weniger auf glattpolierte Optik achteten, wäre schon viel gewonnen.

Diese Haltung wünschte er sich auch von den Kunden, die im Spätsommer auf seinen Hof kommen, um Elstar, Jonagold, Sentana und seinen Lieblingsapfel Topaz zu kaufen. Leider ist es mit der Kundschaft wie mit dem Biodünger – das Ergebnis lässt sich nicht kalkulieren. Da nimmt ein Kind einen Apfel mit kleiner Stelle aus dem Korb und wird von der Großmutter sogleich ermahnt: »Nimm doch den hübschen hier, den ohne Stelle.« Kann schon sein, dass sich Harald Quint dann freundlich einmischt: »Sie müssen den mal probieren, der schmeckt mindestens so gut wie der andere.« Nützt meistens nichts, seine kaum gespritzten Äpfel, die erst gepflückt werden, wenn sie reif sind, und bei denen sich Zucker wie Säurehaushalt zu knackiger Frische verbinden, wandern vielfach in die Herstellung von Babykost oder in getrocknete Apfelringe. Neuerdings hat er auch eine Mostanlage. Und versucht sich – wenn mal wieder die Apfelpreise gedrückt werden – an einem Apfelbrand. Quint macht weiter mit seinem Eigensinn, seiner Suche nach Alternativen. Allein die vielfach angeprangerte und bis heute nicht verbotene Art,

Hähnchen kaum nach dem Schlüpfen auf grausame Art zu töten, weil sich die Aufzucht nicht lohnt – Quint macht es anders. Er zahlt dem Züchter seiner Legehennen einen Beitrag, damit der auch die männlichen Tiere durchfüttert, bis ihr Ende gekommen ist. Die Produkte heißen »Bruder Hahn« und stehen als Hühnersuppe und Frikassee im Hofladen. Demnächst will er sein eigenes Öko-Label vermarkten, erkennbar an einem Apfel mit laufenden Hühnerbeinen drunter. Sinnbild für den freilaufenden Öko-Obsthof.

Wer einem ehemaligen Banker gegenübersitzt, kommt nicht umhin, die Kosten-Nutzen-Seite anzusprechen. Rechnet sich das alles? Die Antwort ist norddeutsch ehrlich. »Nee. Die Instandhaltungskosten sind relativ hoch, wenn man hier Schulden hätte, würde man nicht über die Runden kommen.«

Aber aufgeben gilt nicht, er macht weiter, ein Mann mit seiner Frau in Teilzeit und einigen Helfern aus Polen und der Ukraine zur Erntezeit. Die beginnt im August mit den Zwetschgen und den Heidelbeeren und geht durch bis Anfang November. Dann sind die Zehn- bis Zwölf-Stunden-Tage noch ein wenig länger. Auch die Idee mit dem Vererben ist eine Gleichung mit mehreren Unbekannten. Die beiden erwachsenen Kinder sind an dem Hof bislang nicht interessiert, Vater Quint hat bereits eine Stiftung gegründet, damit der Vogelfängerkaten erhalten bleibt. »Der nächste ist vielleicht ein mittelloser Pächter, der kann dann hier weitermachen.«

Zehn Jahre ackern hat er hinter sich, im Wortsinne. Zeit für eine Zwischenbilanz. Welche Fähigkeit aus seinem Banker-Leben hat ihm beim Überleben als Bauer geholfen? Quint gönnt sich ein leichtes Lächeln: »Die Kenntnis des Dreisatzes. Man muss rechnen können. Von den Bauern, die übrig geblieben sind, sind es die mit Köpfchen.«

Und was hat er gewonnen? »Keinesfalls mehr Freiheit«, sagt Quint. »Die Sachzwänge sind die gleichen wie vorher, und die Bürokratie, die ich immer so gehasst habe, verfolgt mich im Schnitt eine Stunde am Tag.«

Auf der Haben-Seite steht das Leben mit der Natur. Längst wohnen die Quints rund um das Jahr in ihrem Häuschen auf dem Hof, blicken nach dem Aufwachen auf die Feigenbäume vor dem Fenster, auf Stockrosen und bunt gescheckte Katzen, die sich in selbst gebaute Strohhäuser kuscheln. Längst sind dem einstigen Stadtmenschen, der in Düsseldorf und Brüssel lebte, feine Antennen zugewachsen, die ihm helfen, die Natur besser zu verstehen. Wetterumschwünge erkennt er an Details, die anderen verborgen bleiben: »Sie sehen es an der Tenne, wo wir Lehmsteine verlegt haben. Wenn die anfangen, feucht zu werden, zieht demnächst Regen auf.« Vogelarten bestimmt er nach deren Gesang: die Koloraturen der Blau-

meise, das Zirpen der Schwanzmeisen, den virtuosen Gesang des Gartenrotschwanzes. »Vorher war hier nichts, jetzt haben wir eine Unmenge an Vögeln und Insekten.«

Längst schwingt Harald Quint mit in der Abfolge der Jahreszeiten, dem Wechsel zwischen Blüte, Knospe und Frucht, dem Reifen und Vergehen, ganz so, wie es der Demeter-Begründer sah. Auf die Frage: »Was ist Leben?« antwortete Rudolf Steiner einst: »Studieren Sie die Rhythmen. Rhythmus ist Leben.«

Der Bauer, der mal Banker war, studiert bei seinem Tun auch die Verhaltensweisen seiner Tiere. Erkenntnis: »Es gibt keine dummen Schafe, es gibt keine dummen Hühner, und es gibt keine dummen Gänse.« Harald Quint zählt auf: Die Schafe stellen sich dicht an dicht zu einem Bollwerk auf, sobald sich auch nur von Ferne ein Hund nähert. Die Hühner? Sorgen gut für sich und bleiben bei Hitze schön im Schatten. Und allein die fünf Hähne! Wie strategisch klug die ihre eigene Schar beschützen! Wenn ein Habicht über den Hühnern des Konkurrenten kreist, halten die anderen schön den Schnabel. Aber kaum nähert sich der Raubvogel der eigenen Schar – schon kräht er Alarm und scheucht seine Gruppe ins schützende Unterholz. Tja, der Habicht hat's schwer! Quint grinst. Wenn einer der Raubvögel über dem Hof kreist, flüchten sich seine schlauen Hühner gern unter die Pflaumenbäume mit dem dichtgewirkten, knorrigen Astwerk – da traut sich der Beutegreifer nicht, zuzustoßen. Könnte sich ja die Flügel knicken.

Genug geredet, die Arbeit ruft. Die Besucherin eilt mit Gläsern voll Hühnerfrikassee, Ragout für Bolognese und frischen Eiern von garantiert freilaufenden Hühnern über das Kopfsteinpflaster zum Auto. Beim Blick über die Schulter sieht sie, was doch nun einen ganzen Tag lang eindringlich widerlegt wurde: eine Idylle wie aus dem Bilderbuch. Der hochgewachsene Ökobauer in Polohemd und weißem Bart geht gemessenen Schrittes über seine Wiese, verfolgt von einer Horde schnatternder kleiner Gänse. Geht er nach links, schwenkt die flaumweiche Wolke ebenfalls nach links, geht er nach rechts, folgen sie ihm auf dem Fuße. Bleibt er stehen, quirlen sie gelbfiedrig um ihn herum, die Schnäbel hungrig aufgerissen. Zweimal täglich dreht der Gänsevater Harald Quint seine Runde über den Hof, damit sich die Tiere bewegen und gleichzeitig die Muskeln an ihren kleinen Beinchen stärken. Vielleicht auch, weil sie ihm in all ihrer Zutraulichkeit beweisen, was die ganze Mühe Wert ist. Ist wohl so: Manche Investments rechnen sich in anderer Währung als Geld.

www.vogelfaengerkaten.de

Anja Witt

Von der Freiheit des Meeres

Die diplomierte Ozeanografin beendete ihre Laufbahn als Wissenschaftlerin, um als Künstlerin zu arbeiten. Ihrem Thema ist sie treu geblieben: Sie untersucht die Welt unter der Meeresoberfläche

SWITCH In der Tiefe wartet die Freiheit

Das Meer ist weit, das Meer ist blau, manchmal ist das Meer in den Arbeiten der Anja Witt auch blutrot, maisgelb oder flaschengrün. Auf jeden Fall ist das Meer groß. Zwei Meter mal 1,30 sind gewöhnlich die Formate ihre Leinwände, darunter macht sie es selten. Ein Bilderrahmen sollte diagonal gehalten gerade noch durch die Ateliertür passen, das ist die einzige Grenze, die sie sich setzt.

Ein Besuch im Spätsommer, das Sachsenwald-Städtchen Aumühle liegt sommerlich ruhig da, verdorrte Blätter fliegen auf Wegen und Straßen. Die Künstlerin steht vor ihrem Atelier, einen Besen in der Hand, und fegt in gemessenem Tempo den Fußweg frei. Anpacken, wo es nötig ist – auch das gehört zum Alltag. Ihr Atelier an der Hauptstraße war früher mal ein Lebensmittelladen, im ehemaligen Kühlraum lagern heute die Farben, entlang der Wände stehen ihre großformatigen Arbeiten mit den Motiven zur Wand. Eine Galerie des Meeres in all seinen Facetten. Während unseres Gesprächs wird sie einige dieser Bilder umdrehen, Bühnenbildern ähnlich, die ihr Leben beleuchten.

Die Geschichten, die Anja Witt in ihren Bildern erzählt, ähneln sich und sind doch nie gleich. Alle handeln vom Meer. Oder besser: Von der Welt unter der Meeresoberfläche. Einer Undine gleich taucht sie in ihr künstlerisches Element, um danach wieder aufzutauchen und die profanen Anforderungen an eine Künstlerinnenexistenz zu erledigen. Fegen und aufräumen gehört dazu. Vermarktung. Transport und Finanzierung. Aber dazu später.

Anja Witt (55) ist diplomierte Ozeanografin. Eine Wissenschaftlerin, die sich an Fakten hält. Ganz anders ihre Kunst.

Ihre Bilder entführen in eine Traumwelt: Es sind Stimmungen, Ahnungen, manche ziehen magisch an, andere verstören, wieder andere wirken auch wegen des riesigen Formats dekorativ. Mal tauchen dunkle Gebilde aus der Tiefe auf, Wrackteile vielleicht, mal winden sich filigrane Gräser durch die Strudel, mal bricht sich ein helles Gelb im Dunkel Bahn, mal verwirbeln sich die Farben und greifen eine Bewegung auf, mal dräut ein großes Dunkel und gibt eine Idee von unendlicher Tiefe. Vielleicht ist es auch nur ein Zeichen von Hilflosigkeit, dass ich als Betrachterin Konkretes zum Vergleich heranziehe, wo die Künstlerin doch in abstrakten Formen erzählt. »Nicht zu erzählerisch werden« ist ihr künstlerisches Motto. Sie streicht über eine Oberfläche, in der winzige Papierschnipsel unter Acryl vergraben sind: »Bloß keine Wölkchen.« Überhaupt nichts Konkretes. Keine ihrer Arbeiten schwimmt mit im großen Strom der Seebilder, wie sie berühmte Maler wie Caspar David Friedrich, Emil Nolde oder Gustave Courbet vorgaben. Nirgendwo Segler, die sich gegen die Dünung stemmen, keine Netzflickerinnen, keine Reetdächer, die über Dünen lugen, oder wenigstens Strandgut, Muscheln oder spielende Kinder am Strand. »So was habe ich am Anfang gemalt, das mache ich heute noch als Auftragsarbeit.«

Was Anja Witt fasziniert, ist etwas anderes. Es ist das, was sie als Wissenschaftlerin erforscht hat und was sie jetzt mit den Augen der Künstlerin durchdringt. Das Meer oder besser: das Paralleluniversum unter der Wasseroberfläche.

Die Biografie der unprätentiös wirkenden Frau mit dem lässig zusammengebundenen Pferdeschwanz verzeichnet einen radikalen Bruch Anfang der 90er Jahre – weg von der Analyse, hin zur Intuition. Weg von der Wissenschaft, hin zur Kunst. Wobei sie sich aus beiden Welten das Beste bewahrt hat: Die Künstlerin in ihr ist frei, aber die Wissenschaftlerin forscht auf der Leinwand weiter, deutet mit Farben und Formen um, was Messgeräte in Zahlen und Tabellen erfassen würden. Eine ewige Wellenbewegung ist ihr Leben, auch wenn sie sich doch vor über 20 Jahren ganz radikal entschieden hat.

Das Pendeln zwischen zwei Polen beginnt schon in der Kindheit in Bremen. Das kleine Mädchen malt, wann immer es einen Stift in die Finger bekommt. »Wenn einer Geburtstag hatte, habe ich gesagt, ich male ein Bild. Das war das Einfachste.« Einmal kritzelt sie den Gehsteig mit Kreidefarben voll und wird ermahnt – das mache man nicht. Jedenfalls nicht Ende der 60er Jahre. Andererseits ist da der Wunsch, den Dingen auf den Grund zu gehen, vor allem Wasser interessiert sie. Der Vater ist Kapitän, gibt seinen Beruf aber auf, als 1965 die einzige Tochter geboren wird. Er mag seine Familie nicht monatelang allein lassen, an Land verkauft er fortan Radargeräte für Schiffe. Die Welt des Wassers und die

Welt der Forschung sind Anja Witt somit in die Wiege gelegt. Als Schülerin absolviert sie ein Praktikum beim Wasserwirtschaftsamt in Bremen. Mit der »MS Weserluchs« fährt sie während eines Praktikums die Weser hinunter, entnimmt und analysiert Wasserproben. Während ihre Freundinnen Pferdebücher lesen und Poesiesprüche tauschen, versinkt sie in ihrem Lieblingsbuch »Das Leben im Wassertropfen«, vergrößert Tropfen unter dem Mikroskop. Wasser, ihr Element. Die Eltern ticken ähnlich. Wenn andere Familien nach Österreich in die Berge fahren, zieht es die Familie an die Nordsee. Tauchen wird Anja später lernen, auch wenn es in den Ostseegewässern vor den Kieler Gestaden dunkel ist, kalt und trist: »Wenn man einen Knurrhahn traf, der am Boden lief, war das schon toll.« Auch Windsurfen probiert sie aus, gern vor Langeland, Hauptsache, die Nase im Wind und unter sich ein großes Rauschen.

Nach dem Abitur muss sie sich entscheiden: Kunst oder Forschung? Sie hatte zwar immer weiter gemalt, einige ihrer Arbeiten sogar verkaufen können, aber würde das je für den Lebensunterhalt reichen? »Ich habe kein Vertrauen darin gehabt, dass die Kunst mein Beruf sein könnte.« Die Wissenschaft siegt. Anja Witt belegt Ozeanografie in Kiel, die Lehre von den physikalischen Bedingungen des Meeres. Ein Studium, das weit entfernt ist von der sinnlichen Erfahrung des Wassers, von Gezeiten, Wellen und Wind. Es geht ums Vermessen und Analysieren, um Salzgehalt, Strömungen, Verwirbelungen. Genaue Messungen gehören dazu, Tabellen, Auswertungen. Statt aufs Meer starren Ozeanografen auf den Computer. Nach dem Diplom wechselt sie als Doktorandin an das Hamburger Institut für Meereskunde, beginnt eine Doktorarbeit zum Thema »Die horizontale Zirkulation in der

Grönlandsee 1986 bis 89«. Aber die finanziellen Bedingungen für ihre Arbeit sind nicht günstig, die Berufsaussichten auch nicht. Wollte man in der Metapher des Wassers bleiben, dann treibt ihr Lebensschiff immer weiter ins Flachwasser, bis der Kiel knirschend auf Grund läuft und eine Entscheidung ansteht: »Willst du Malerin sein, willst du Wissenschaftlerin sein oder willst du Familie haben? Alles zusammen geht nicht.«

Kurswechsel in das freie Künstlerinnenleben

Ein Jahr lang lässt sie der innere Konflikt nicht los: »Ich hatte ja viel investiert. Mathe, Physik – das ist mir nicht einfach so zugefallen.« Dass die Berufsaussichten in ihrem Metier alles andere als glänzend sind, dass sie nach der Promotion eigentlich ins Ausland gehen müsste, ihr Mann aber als Werbetexter dem deutschen Sprachraum verhaftet ist, gibt 1993 den Ausschlag für eine radikale Entscheidung. Kunst also. Kunst und Familie. Kurz nacheinander kommen Charlotte (26) und Sebastian (25) zur Welt. Die Tochter arbeitet heute als Fernsehautorin, der Sohn in der IT-Branche. Am Anfang mischt die junge Mutter ihre Ölfarben noch neben dem Kinderzimmer an. Später stellt sie auf schnell trocknende Acrylfarben um: »Diese ewigen Terpentindünste im Haus schienen mir für Kleinkinder nicht so gut zu sein. Außerdem arbeite ich schnell, habe immer mehrere Bilder in Arbeit. Ölfarben aber brauchen ihre Zeit zum Trocknen.«

Anja Witt setzt die Segel, hinein in ein freies Künstlerinnenleben, in dem nicht nur Talent zählt, sondern auch die Vermarktung des eigenen Talents. Sie bucht einige Kurse, unter anderem bei der Hamburger Künstlerin Karin Witte, die begeistert ist von ihren Arbeiten und sie auf ihrem Weg ermutigt. Eigentlich aber ist sie Autodidaktin, die ihr Lebensthema in unendlichen Variationen darstellt: Nur geht es jetzt nicht mehr ums wissenschaftliche Vermessen der Meere, sondern um das Durchdringen jener geheimnisvollen Welt unter Wasser.

Wie viele Kreative hat sich auch die Malerin des Meeres ihre Rituale erschaffen. Wenn sie morgens gegen halb zehn Uhr ihr Atelier aufschließt, greift sie zum Overall, ordnet die Pinsel, die Spachtel, Läppchen und Schwämme, schließt die Fenster. Stille braucht sie, wie ein Organismus unter Wasser: »Keine Musik, möglichst auch keine Laubbläser nebenan. Ich bin da wie ein Einsiedlerkrebs.« In einem begleitenden Katalog liest sich das so: »Stahltür zu, das Atelier ist mein Bun-

ker. Hier gibt es kein Telefon, und keiner ruft Mami. Der Overall aus Farbkruste ist mein Raumanzug.« Wenn Anja Witt sich auf den Weg macht in die unerforschten Welten unter Wasser, holt sie sich Orientierung in ihrem Skizzenbuch oder malt erste Entwürfe auf Papier, manchmal mit dem Kohlestift. Jedes Bild folgt einer Entscheidung: »Ich werfe das nicht mal so einfach hin. Wenn ich keine Idee habe, ist das einfach nur Farbverbrauch.« Zusätzliche Inspiration holt sie sich aus ihrem »Moodboard«, ihrem Archiv, blättert in Zeitungsausschnitten, sucht nach einem Thema, das sie dann mit Schwung auf die Leinwand bringt und auch wieder zerstört, wenn es nicht gefällt. »Ein Bild ist nicht heilig, es muss frei sein.« Ihr Atelier ist seit über 20 Jahren ihre Welt. »Hier kann ich erfinden, hier kann ich Szenen entwickeln.« Die Doktorarbeit liegt irgendwo in Kisten verstaut im Keller, sie wurde nie fertig. Stattdessen folgte Anja Witt ihrer Leidenschaft, dem Malen. Was sie mitnahm aus ihrer ersten Ausbildung? Sie lächelt. Das Thema Meer natürlich. Ein unendliches Thema …

Wir gehen gemeinsam zu einem Bild, das noch unfertig an der Wand lehnt. Anja Witt hat ihren vollgekleckssten, ehemals olivgrünen Overall angezogen, ihre Arbeitskluft: »Der steht mittlerweile von selbst«, grinst sie. Dazu dünne Gummihandschuhe. Sie geht in die Knie, wischt mit einem Schwamm ein helles Gelb auf die Fläche, greift zum Fensterwischer, dann zum Spachtel, verwischt die Farbe, bricht ab: »Ich müsste mich konzentrieren, jedes Motiv ist eine Entscheidung, das funktioniert nicht einfach so.«

Eine Erfahrung, die sie häufiger macht: Wer mit freiem Gestus über die Leinwand streicht, kein konkretes Motiv im Blick, wird von Laien oft nicht so richtig ernst genommen.

Dabei braucht jedes ihrer abstrakten Bild viele Gedanken, viel Energie. Es dauert, bis alles fließt. Wann sie mit einem Bild zufrieden ist? »Wenn ich merke: Es hat Power. Es überrascht mich.«

Auch mit dem etablierten Kunstbetrieb tut sie sich schwer. Galeristen möchten junge Künstler und Künstlerinnen entdecken, sie aber war schon um die 30, als sie sich für ihr zweites Leben entschied. Eine Quereinsteigerin. »Da heißt es dann oft, da kann man ja nichts mehr aufbauen.« Im Laufe der Jahre hat sie sich deshalb zwei weitere Standbeine geschaffen. 2005 gründete Anja Witt eine Malschule, gibt Laien Malunterricht und betreut Workshops. Außerdem vermietet sie ihre großformatigen Arbeiten an Hotels und Kanzleien. Wobei: »Man traut mir oft nicht zu, ein ganzes Hotel auszustatten, da wird dann eher ein Galerist gefragt.« Sie lächelt fein. Gar kein Problem hat sie nämlich damit, eine Ausstellung mit ihren Bildern zu kuratieren und ihre großformatigen Arbeiten auch gleich noch zu transportieren. Wer eine Anja-Witt-Werkschau in voller Größe erleben will, braucht nur das »Hotel Atlantic« in Lübeck zu besuchen. Dort hat sie etwa zehn ihrer Arbeiten eigenhändig platziert. Wirtschaftlich ist die Kunst ein Balanceakt. »Es ist schwankend, große Urlaube sind nicht drin.« Und doch: »Ich bin zutiefst zufrieden mit dem, was ich mache.«

Was Malschülerinnen und -schüler zuerst bei ihr lernen würden, Talent vorausgesetzt? Anja Witt lacht. »Die Angst vor dem weißen Blatt zu verlieren!« Weg mit Vorgaben und inneren Kontrollen, bloß nichts kopieren, schon gar nicht die großen Meister. »Lass einfach mal laufen, was dir so in den Kopf kommt«, rät sie gern. Immer hinein ins Abenteuer, eintauchen, auftauchen, so wie ein Fisch im Wasser. »Ich sage

immer: Du bist heute hier. Was hast du heute zu sagen? Was ist dein Weg? Kein Mensch braucht ein weiteres Stillleben in der Mappe.«

Wir gehen weiter, bleiben vor einem weiteren zur Wand gedrehten Bild stehen. Mit beiden Händen muss die Künstlerin die sperrige Leinwand wuchten. Dunkel ist die Oberfläche, mit verwischten, gelben Tupfen, die aus der Tiefe Signale senden. Ein Ergebnis ihres letzten großen Abenteuers, bei dem sie sich noch einmal auf den Weg machte in ihr altes Leben …

Witt schenkt Kaffee ein, stellt Kekse auf die improvisierten Arbeitsplatten mit den bunten Klecksen. Weit spannt sich der Bogen ihrer Erzählung. Von Aumühle im Sachsenwald bis nach Guadeloupe, der französisch geprägten Inselgruppe in der Karibik, der Startpunkt einer mehrwöchigen Forschungsreise, die sie begleitete. Von der Staffelei wechselte sie noch einmal an die Messgeräte, vom Atelier auf das schwankende Deck eines Schiffes.

Mai 2015, das deutsche Forschungsschiff »Meteor« steht kurz vor dem Auslaufen. 60 Frauen und Männer sind an Bord, davon 30 Mann Besatzung und 30 Wissenschaftler des GEOMAR Helmholtz Zentrums für Ozeanforschung in Kiel. Eine der wissenschaftlichen Mitarbeiterinnen ist Anja Witt, die für dieses einmalige Experiment ihr ehemaliges Studienfach aufleben lässt. Wenn die Malerin des Meeres von der Forschungsreise der »Meteor« erzählt, von den Wochen auf See, fallen plötzlich wieder all die Vokabeln, die man von einer Künstlerin nie erwarten würde. Von einem »Tracer« berichtet sie, das ist eine Flüssigkeit, die ins Wasser gegeben wird, ähnlich einem Kontrastmittel beim Röntgen. Über Jahre hinweg kann man mithilfe dieser chemischen Markierung Strömungen verfolgen. Oder die »CTD«-Rosette, die tief ins Wasser gelassen wird und Salzgehalt, Druck und Dichte ermittelt. Für Meeresforscher wie ein Fingerabdruck, mit dem sie die Dynamik im Ozean erkennen.

Klar ist sie nervös, als sie nach langem Flug auf der Hauptinsel landet. Aber was für eine Chance, mit den Augen der Malerin auf die Arbeit der Wissenschaftler zu sehen! Wird es Schnittstellen geben? Wird ihr Blick anders sein? »Ich spreche ja zwei Sprachen. Die der Wissenschaft und die der Kunst.« Als sie an Bord geht, löst sich die Anspannung in der karibischen Sonne auf. Zuerst einmal legt sie rein zum Vergnügen einen Tauchgang ein, der so ganz anders ausfällt als vor Kiel: »Das war sensationell, eine Fischdichte wie im Aquarium!« An Bord kommt das Erlernte schnell zurück, sie muss im Nachhinein direkt den Kopf schütteln, wie präsent alles noch ist: »Sogar das gute alte Salinometer mit den kleinen Glasröhrchen war noch da, mit dem der Salzgehalt des Wassers gemessen wird.«

Fünf Wochen wird der Trip bis zu den Kapverden vor der Nordwestküste Afrikas dauern, lange Wochen, in denen ein Wissenschaftler an Bord besser keine Zahnschmerzen bekommen sollte und auch keine Seekrankheit. Der erste Wunsch wird erfüllt, der zweite nicht. »Ich habe furchtbar unter Übelkeit gelitten.« Die Einsamkeit auf See dagegen ist kein Thema. »Ich kann fünf Wochen lang aufs Meer gucken, damit habe ich überhaupt kein Problem.« Anja Witt ist Teil der Crew, die auf ihrem Törn vor allem Sauerstoff-Minimumzonen im tropischen Atlantik untersuchen soll.

Sie ist dabei, wenn Wasserproben abgefüllt werden, sie sitzt vor dem Computer, um die Daten auszuwerten, sie verfolgt Forschungsergebnisse über die wasserstoffarmen Bereiche im Meer, und sie schiebt in zwei Schichten Wache wie die anderen Besatzungsmitglieder auch: täglich von 12 bis 16 Uhr und von Mitternacht bis vier Uhr morgens. Danach einige Stunden Schlaf, um den Tag nach dem Aufwachen gleich mit Lunch und gebratenem Hühnchen zu beginnen: »Die Essenzeiten waren völlig verdreht.« Ihre persönliche Zielsetzung: »Ich wollte diesmal mit anderen Augen schauen. Wollte wissen, wie man zwischen Kunst und Wissenschaft eine andere Verbindung schafft.« Manchmal greift sie zum Skizzenbuch, aber das Malen ist schwierig bei 35 Grad Außentemperatur, ständigem Motorenlärm, lautstarken Reparaturarbeiten. Fotografieren geht ihr leichter von der Hand. Anja Witt fotografiert Serien von Tauen, die in ihren Fotos eine eigenwillige Farbigkeit entfalten. Sie fotografiert Dübel, Ösen und Eisenteile. Eines Abends auf hoher See geht sie über das Deck und entdeckt an einigen Eisenteilen rostige Stellen. Der Wissen-

schaftler würde darüber hinwegsehen, weil es unwichtig ist für die Messungen, die Künstlerin in ihr ist von den morbiden Farben begeistert. Schade, dass sie an Deck nicht malen kann, zu viel Seegang, zu viel Krach, aber in ihren täglichen Blog kann sie diese Beobachtung doch aufnehmen? Von wegen. Die Gastwissenschaftlerin läuft am Kapitän auf, der jeden ihrer Blogeinträge kontrolliert. »Wir müssen reden«, sagt der streng. Ihrem geänderten Blick auf die Arbeit auf einem Forschungsschiff wollte sie nachspüren, hier nun ist die Situation gekommen: Das Auge einer Malerin mag sich an den Variationen der Farbe Braun erfreuen, der Leiter eines Schiffs muss jeden Anflug von Rost als Makel sehen. Anja Witt lächelt. Wie gut, dass die Kunst so frei ist. Die vielen Tönungen von Rost werden später in ihre Bilder einfließen, rostbraun, goldgelb, mit Tupfen von türkis. »Captain's nightmare« wird sie die Bilderfolge ironisch nennen. »Albtraum des Kapitäns«. Auch das große Bild mit den vielen Farben

Schwarz und den gelben Signalpunkten, das jetzt vor uns steht, entstand nach der Forschungsfahrt mit der »Meteor«. Eine Idee von Tiefe soll es wiedergeben und von wenig Sauerstoff. »Ich habe versucht, Fehlstellen zu zeigen.« Eine Künstlerin darf alles, eine Künstlerin ist frei in ihren malerischen Möglichkeiten. Frei auch während einer Pandemie?

Anfang 2020 nimmt Corona das Land in den Klammergriff, besonders die Kreativen sind ausgebremst. Ausstellungen werden abgesagt, Malschüler dürfen nicht kommen. Aber immerhin: Die Kulturbehörde zahlt eine kleine Unterstützung mit der Vorgabe, die Pandemie als künstlerisches Projekt zu erfassen. Das letzte Bild wird umgedreht: Es zeigt eine schwebende Form im hellblauen Wasser. Eine Qualle womöglich, ein Fetzen treibende Plastikfolie? Anja Witt lächelt – dieses Bild ist ihr persönlicher Kommentar zum Lockdown. »Ich komme mir in diesen Wochen wie ein Schwebeteilchen vor, losgelöst, ohne Halt und Erdung.« Mögen andere die verordnete Isolation als Einengung betrachten. Sie nicht. Auch während des Ausnahmezustandes, der alles Leben über Wochen hinweg erstarren lässt, taucht diese Frau ein in ihre Kunst – weil alles darin frei ist und fließt und keine Grenzen kennt.

www.anjawitt.de

Olaf Meyer-Sievers
Erste Hilfe für die Seele

Der gelernte Fotograf und Kommunikationsberater
fand seine Lebensaufgabe
als Kriseninterventionshelfer beim DRK

SWITCH Ich möchte unbedingt etwas Sinnvolles tun, und das tue ich hier

Mein erster Blick fällt auf zwei Teddybären mit hellen Schnauzen, die Seite an Seite auf der Fensterbank hocken. Was haben Plüschtiere bei Notfallhelfern verloren? Eine Frage von vielen, die die nächsten Stunden begleiten werden. Ich treffe Olav Meyer-Sievers in einem nüchternen Büro in einem Zweckgebäude des DRK in Hamburg-Harburg. Auf Stühlen verteilt die Einsatzkleidung, die gelben Westen mit den Leuchtstreifen und der Aufschrift »Kriseninterventionsteam«. »Kittis« nennen sich die Mitarbeiter des Kriseninterventionsteams salopp, das klingt familiär und freundlich. So niedlich wie jene Kuscheltiere, die zur Ausstattung ihres Notfallrucksacks gehören, wie ich erfahre – neben den Flyern mit Hilfsangeboten, den Rettungsdecken, Taschentüchern und Gummihandschuhen.

Meyer-Sievers ist seit 2006 dabei. Neben seinen Einsätzen kümmert er sich um die Öffentlichkeitsarbeit und unterrichtet als Dozent an der Polizeiakademie.

Der mittelgroße Mann mit dem akkurat geschnittenen

Haar ist ein Sympathieträger. Helle Augen, umkränzt von Lachfalten, eine klare Stimme. Einer, mit dem man gern am Küchentisch sitzen und über Alltägliches plaudern möchte. Ein Mann, der sich stattdessen in seelisches Katastrophengebiet begibt.

Am Anfang jedes Einsatzes steht ein Anruf der Polizei oder ein Alarmfax, das durch den Ticker läuft. Immer ist dann etwas passiert, das Angehörige oder Augenzeugen aus der Bahn geworfen hat. Ein tödlicher Unfall, ein Mord, ein Suizid, eine Brandkatastrophe. Auf die Krisenhelferinnen und -helfer wird etwas zukommen, was alles beansprucht, was sie während ihrer Ausbildung gelernt haben. Die Fähigkeit zum Trösten und zum Helfen. Vor allem aber die Bereitschaft, Beistand zu leisten. Manchmal über Stunden.

Unzählige Male war Meyer-Sievers mit Menschen konfrontiert, für die von einer Sekunde auf die andere alles zerbrochen ist, was ihrem Leben Halt gab. Die im Schock erstarren oder um sich schlagen. Die nicht wahrhaben wollten, was passiert ist oder sich an hilflose Floskeln klammern. »Geht schon, wird schon wieder, danke.«

Wer mit dem 63-Jährigen redet, kommt unweigerlich auf das Schicksal zu sprechen. Auf jenes Geschick, das manche mit einem Keulenschlag trifft, während andere wie durch wunderbare Mächte verschont bleiben. Notfallhelfer für die Seele nennen sich die ehrenamtlichen Helfer vom Kriseninterventionsteam des DRK. Wenn sie von Seele sprechen, meint das jenen Kraftquell, der uns durch unser Leben trägt.

Draußen schrillt das Martinshorn, Meyer-Sievers schließt das Fenster. Er ist heute nicht im Dienst. Über Trauer werden wir gleich reden und ihre unterschiedlichen Erscheinungsformen. Und über die Wege, diese Trauer zu überwinden, bevor sich der Betroffene in einer dunklen Wolke der Mutlosigkeit verliert.

Wenn man so will, begibt sich Olav Meyer-Sievers freiwillig in eine Gegenwelt, die den meisten Menschen zu ihrem Glück verschlossen bleibt. Eine Welt, in die der Tod eingebrochen ist, oft ein gewaltsamer Tod. Warum macht einer das? Der Mann mit den Lachfältchen, der in seinem Berufsleben viele Wege ausprobierte, antwortet prompt: »Ich möchte ganz unbedingt etwas Sinnvolles tun. Und das habe ich hier.«

Meyer-Sievers war Fotograf und Kreativdirektor einer Eventagentur, zuletzt arbeitete er als freiberuflicher Kommunikationsberater. Wenn er überlegen soll, was er von seinen vielen Berufen mit hineinbringt in seine ehrenamtliche Tätigkeit, dann die Flexibilität: »Ich weiß nie genau, in was für eine Situation ich treffe, und muss intuitiv entscheiden, was der richtige Weg ist.«

Ein Fall: Das KIT-Team wird von der Polizei alarmiert,

weil eine junge Mutter leblos in ihrem Bett gefunden wurde. Ein Sekundentod aufgrund einer Vorerkrankung. Als die KIT-Mitarbeiter eintreffen, sitzt der junge Vater wie versteinert auf dem Sofa, den schreienden Säugling im Arm. Die ersten Worte der Notfallhelfer sind eingeübt: »Wir sind jetzt da, wir haben Zeit, wir wollen Ihnen helfen.« Im zweiten Schritt geht es darum, »Brücken zu bauen«, wie es in der Ausbildung heißt. Die erste Brücke hinaus aus der Schockstarre führt oft in das praktische Tun: Wer ist zu informieren? Welche Verwandten könnten zeitnah anreisen? In diesem Fall: Wer kümmert sich jetzt um das Kind? Wo liegt Wäsche zum Wechseln? Gibt es noch abgepumpte Muttermilch? Und so gehen die KIT-Helfer zum Kühlschrank und holen das Fläschchen mit der letzten Muttermilch heraus, um es für das Baby zu erwärmen.

Olav Meyer-Sievers und seine Kolleginnen und Kollegen werden gerufen, wenn ein Leben unerwartet endet. Wenn etwa eine Gruppe von festlich gekleideten Menschen im Foyer der Hamburger Oper ungeduldig auf und ab wandert und auf den letzten Teilnehmer wartet, der aus Hannover anreisen soll und nie eintreffen wird. Stattdessen erscheint die Polizei und teilt der Ehefrau mit, dass ihr Mann unterwegs tödlich verunglückt ist – sein Wagen ist auf der Autobahn mit hoher Geschwindigkeit unter einen Sattelschlepper gerast.

Dies ist einer jener Fälle, wo die KIT-Helfer besonders sensibel reagieren müssen. Was tun, wenn eine Angehörige Abschied nehmen will, aber der Leichnam bis zur Unkenntlichkeit entstellt ist? Früher galt der Satz: »Behalten Sie Ihren Mann so in Erinnerung, wie Sie ihn gekannt haben.« Heute weiß man es besser. Für den Trauerprozess ist es wichtig, das Unabänderliche zu erfassen, im wörtlichen Sinne. Der Krisenhelfer Meyer- Sievers wird später in einer kleinen Kapelle eine Situation inszenieren, wo der Kopf des Toten weitestgehend abgedeckt ist und unter dem Leichentuch nur seine Hand herausragt. Die Ehefrau wird diese Hand lange halten und wird sagen: »Er sah doch ganz friedlich aus. So als würde er schlafen.« Ein für diese Umstände tröstlicher Abschied. Nicht immer kann das gelingen.

Krisenhelfer werden gerufen, wenn ein Propellerflugzeug über dem Hamburger Hafenbecken kreist, urplötzlich absackt und auf Bahngleise stürzt – an Bord auch ein Zwölfjähriger, der den Rundflug zum Geburtstag geschenkt bekam. Eine Tragödie.

Einmal bestand ihr Einsatz darin, eine alte Dame zu trösten, die auf dem Bürgersteig zusammengebrochen war, weil soeben ihr Hund überfahren worden war.

Sehr oft werden die Nothelfer alarmiert, wenn ein Mensch seinem Leben freiwillig ein Ende gesetzt hat. »Wir haben doppelt so viele Suizidtote wie Verkehrstote«, sagt Meyer-Sievers. Oft treffen die seelischen Ersthelfer dann auf Angehörige, die sich mit Schuldvorwürfen peinigen. Und immer klären sie dann auf: »Wissen Sie, das ist kein Kainsmal, das nur Ihre Familie trifft. Das kommt leider viel öfter vor, als Sie glauben.«

Selbstmord ist eines der letzten Tabus in einer sonst doch so aufgeklärten Gesellschaft. In der Presse gilt die ungeschriebene Regel, wenig oder gar nicht darüber zu berichten, um keinen Nachahmungseffekt auszulösen. Die Bahn gibt Verschleierungsgsfloskeln heraus, wenn es zu einem unvermittelten Stopp kommt. Von »betrieblicher Störung« ist dann oft die Rede. Meyer-Sievers sieht den Kommunikationsbedarf nach vielen Jahren im Notfalleinsatz anders: »Das Thema bekommt nicht den Raum, der eigentlich angemessen wäre.«

Olav Meyer-Sievers, der früher auch in Theatergruppen spielte, hätte eigentlich allen Grund, die Sonnenseite des Lebens anzusteuern, denn sein eigenes Leben birgt Schatten genug. Allein: Er hat seinen Weg anders ausgerichtet. Das Schicksal trifft ihn erstmals, als er noch ein Heranwachsender ist, gerade mal 17 Jahre alt. Seine Eltern sind da längst getrennt, er lebt bei seiner Mutter, die immer wieder mit Depressionen zu kämpfen hat. Als er von einer Jugendfreizeit zurückkommt, ist die Wohnung verwaist, Nachbarn teilen ihm mit, dass seine Mutter sich das Leben genommen hat. Er darf die Tote nicht mehr sehen, an die Beerdigung erinnert er sich kaum. Ein Verlust, den er zunächst nicht verarbeiten kann. Der Gymnasiast wirft das Abitur hin, macht eine Ausbildung zum Fotografen. Aber das Thema lässt ihn nicht los. Jahre später, längst ist er erwachsen, scheint sich das Trauma zu wiederholen. Ein enger Freund begeht Suizid. Diesmal will er anders mit dem Verlust umgehen. »Ich hab mir gesagt: Ich gucke nicht weg, ich gucke hin.« Er besteht darauf, den Leichnam noch einmal zu sehen, er organisiert eine große Trauerfeier, auf der jeder, der möchte, persönliche Abschiedsworte sagen darf. Seine Erfahrung: Der Tod, der ihn als junger Mensch zutiefst erschütterte, verliert seinen Schrecken, je öfter er ihm begegnet. Meyer-Sievers, mittlerweile Kreativdirektor einer Eventagentur, geht diesen Weg weiter und wird nebenberuflich Trauerredner. »Nicht im Sinne von: Ich bete da einen Lebenslauf herunter, sondern: Wo sind bei diesem Menschen die Lebensthemen?«

Seine eigene Lebensaufgabe kristallisiert sich heraus, als ihm eine Kollegin von der Arbeit des Kriseninterventionsteams erzählt. »Zunächst dachte ich, die sind nur bei Erdbeben und im Ausland im Einsatz.« Schwere Erschütterungen, das lernt er während der Ausbildung, passieren auch vor der eigenen Haustür, wenngleich die Auslöser oft banal sind: »Das ist nicht der Blitz, der unheilvoll vom Himmel zuckt, sondern manchmal nur eine winzig kleine Unaufmerksamkeit, der Blick aufs Handy beim Autofahren. Oder ein ungesichertes Fenster, an dessen Rand ein Kleinkind entlanghangelt und das Gleichgewicht verliert.«

Das Ehrenamt des Notfallhelfers ist begehrt, meistens gibt es für die alle zwei Jahre stattfindenden Lehrgänge mehr Anwärter, als genommen werden. Vorausgesetzt werden eine stabile Psyche, große Motivation, Lebenserfahrung und Empathie. Das Mindestalter liegt bei 25, das Höchstalter bei Ausbildungsbeginn bei 67 Jahren. Das ergibt Sinn, denn »Kittis« müssen in ihren Bereitschaftsdiensten zweimal im Monat über 24 Stunden abrufbar sein – Menschen im Ruhestand fällt das leichter als Berufstätigen, die das Verständnis ihrer Vorgesetzten benötigen. Die Nothelfer lernen, wie man Trost spendet und die richtigen Worte findet. Verpönt ist die Begrüßung »Guten Tag«, denn gut wird dieser Tag nicht werden. Unerwünscht sind auch Floskeln wie »Wird schon wieder« oder »Das Leben geht weiter«. Nie kommt ein Notfallhelfer allein, sondern idealerweise im Zweierteam, meistens sind es eine Frau und ein Mann, das erleichtert die Arbeitsteilung. Nie überbringen Notfallhelfer auch die Todesnachricht, das übernimmt die Polizei. »Die Nachricht: Ihre Frau ist soeben tödlich verunglückt, ich bin hier, um Sie zu trösten – das geht nicht. Da wären wir als Überbringer der schlechten Nachricht verbrannt.« Es gibt keine Richtlinien, wie lange so ein Einsatz dauert. Meyer-Sievers erinnert eine Begegnung mit einem jungen Mann, dessen Freundin aus dem Fenster gestürzt war. Es dauert, bis Familienangehörige telefonisch erreicht werden, noch länger dauert es, bis sie endlich eintreffen. Meyer-Sievers harrt aus, sieht sich mit dem geschockten Hinterbliebenen Album für Album an, Bilder eines vergangenen Lebens. »Das war Intuition. Ich hatte das Gefühl, ich darf ihn auf keinen Fall allein lassen.«

Verpönt ist es auch, eigene Probleme anzusprechen oder in Mitleid zu zerfließen. Die »Kittis« sollen Sicherheit und Stabilität vermitteln. Und sie sollen beim Trauern helfen, wie immer dieses Trauern aussieht. Oft müssen die Rituale der Trauerbegleitung neu gefunden werden. Es gibt meistens keine Totenwachen mehr, so wie früher. Leichname werden nicht mehr aufgebahrt, kaum jemand kennt noch den Brauch, die Spiegel zu verhängen oder die Fenster zu öffnen, damit die Seele hinausfliegen kann. Die Seele. Die Psyche. Das Haltesystem jedes Menschen, das Einbrüche und Erschütterungen abfedern lässt oder daran zerbricht. Olav Meyer-Sievers kennt alle Formen der Trauer.

Ungezählte Male hat er auf Klingelknöpfe gedrückt und ist durch Haustüren getreten, nie genau wissend, was ihn erwartet. Ist der Tote noch da? Was ist als Erstes zu tun? Manchmal wischen die Krisenhelfer Blut auf, schieben dem Toten ein Kissen unter den Kopf, decken ihn zu, damit er auch jetzt noch behütet wirkt. Manchmal treffen sie auch auf einen Angehörigen, der nicht wahrhaben will, was passiert ist. So wie der Ehemann, dem die Polizei soeben die Nachricht vom Unfalltod seiner Frau überbracht hatte und der das Krisen-Interventionsteam barsch anfährt, er müsse jetzt erst mal die Einkäufe in den Kühlschrank legen. Die KIT-Helfer vergewissern sich, dass ihn die Nachricht akustisch erreicht hat, aber der Mann schiebt scheinbar ungerührt gefrorenes Gemüse ins Tiefkühlfach und schleppt Getränkekisten in den Keller. Fegt den Kofferraum aus, klappt den Deckel zu. Dann bricht er zusammen.

»Bei denen, die schon weinen, bin ich fast beruhigt«, sagt Meyer-Sievers. »Kritischer wird es, wenn etwas Furchtbares passiert ist und die Angehörigen wirken ganz normal und bieten mir einen Kaffee an. Das ist ein Zeichen dafür, dass die Nachricht in der Seele noch gar nicht angekommen ist. Oder die Psyche tut so, als wäre nichts – eine Abwehrtechnik für etwas, das doch gar nicht auszuhalten ist.« Die psychosoziale Notfallbetreuung, in der die DRK-Mitarbeiterinnen und -Mitarbeiter ausgebildet sind, muss auch darüber informieren, was in den nächsten Tagen und Wochen auf Angehörige im Schockzustand zukommen kann. Schlafstörungen, Flashbacks, im schlimmsten Fall eine schwere Depression, die unbedingt behandelt werden muss.

Liebes Schicksal, du kriegst mich nicht klein

Wer sich bei den »Kittis« bewirbt, hat oft am eigenen Leibe erlebt, dass der Boden schwankt. Da ist der junge Vater, dessen Neugeborenes nur wenige Tage überlebt und der sich bitter an das Gefühl erinnert, in dieser Situation ganz allein gewesen zu sein. Oder die Buchhändlerin, die lange die Kinder ihrer an Krebs erkrankten Freundin betreute und auf die bangen Fragen der Kleinen keine Antwort wusste. Oder eben Olav Meyer-Sievers, der sich immer wieder mit seinem Lebensthema Tod und Verlust konfrontiert, um dieser Erfahrung den Schrecken zu nehmen. »Ich möchte genau in diesen

Bereichen etwas Konstruktives beisteuern. Einen Baustein, nach dem Motto, liebes Schicksal, du kriegst mich nicht klein.« Er überlegt, ergänzt: »Ich lerne in diesem tosenden Geschehen, wie man Flüsse lenkt.«

Manche Notfallhelfer machen den unbezahlten Job drei Jahre, manche länger, es gibt regelmäßig Supervisionen, also die Möglichkeit, das Erlebte zu reflektieren, aber irgendwann gerät jeder an seine Grenzen. Vor allem, wenn Kinder betroffen sind. Wenn sie etwa auf einen U-Bahn-Steig in Hamburg gerufen werden, wo schreiende Menschen sich aneinander festhalten, weil sie mitansehen mussten, wie ein Mann seiner kleinen Tochter mit einem Messer die Kehle durchtrennt hat.

Schwer ist es auch, wenn sie ein Kind trösten müssen, das soeben seinen Vater verloren hat, und wenn dieses Kind den Helfer in der gelben Weste bittet: »Kommst du morgen wieder?« Nein, sie kommen nicht wieder. Der Einsatz ist einmalig, eine Frage der Psychohygiene: »Wir müssen uns schützen, sonst haben wir plötzlich unzählige Adoptivkinder und wecken Erwartungen, die wir nicht erfüllen können.«

Das Schicksal ist nicht gerecht, wer wüsste das besser als die KIT-Mitarbeiter. An manchen segelt es wie eine weiße Wolke vorbei, andere schlägt es mit voller Wucht. Auch die Helfer sind nicht gefeit. Im Jahre 2014, als sich Meyer-Sievers über seine neugeborene Enkelin freut, trifft es die eigene Familie. Die erst wenige Monate alte Nahla wird nachts mit heftigen Bauchschmerzen in ein Krankenhaus eingeliefert und stirbt am Folgetag an multiplem Organversagen. Wurde das Kind falsch behandelt? Die Familie beauftragt Rechtsanwälte, der Fall ist bis heute nicht abgeschlossen, die Staatsanwaltschaft ermittelt. Der Verlust ist das eine, das Weiterleben das andere: »Was mich genauso getroffen hat wie der Tod meiner

Enkelin war, meinen Sohn und seine Frau so furchtbar leiden zu sehen.«

Zwei Jahre lang unterbricht Meyer-Sievers seine Arbeit beim KIT, auch das ein Erfahrungswert: Nur wer seelisch stabil ist, darf anderen zur Seite stehen. Aber soll er deswegen nichts tun?

2015 strömen Hunderttausende von Geflüchteten nach Deutschland, auch im Stadtteil Harburg entsteht ein Flüchtlingscamp. Meyer-Sievers, der Mann, der keine Scheu hat, neue Wege zu gehen, hilft zunächst an nur zwei Tagen aus. Er macht die Arbeit gern, er findet einen guten Zugang zu den Menschen, er kann organisieren – irgendwann wird ihm die Leitung angetragen, und er nimmt die Herausforderung an. Aber wie so oft in der Zeit des großen Flüchtlingsansturms: Unversehens brechen personelle Engpässe auf, die versprochene Unterstützung durch eine Sozialarbeiterin bleibt aus, der Sicherheitsmann meldet sich krank, Meyer-Sievers steht plötzlich allein in der Verantwortung: »500 Menschen mit allem, was da passieren kann. Massenschlägerei, Suizid, Suizidversuch, Brandstiftung, Messerattacke, Diebstahl, Drogen, Kindeswohlgefährdung.« Manchmal liegt er nachts schlaflos im Bett und wartet darauf, dass der Alarm schrillt. »Jederzeit konnte das Telefon klingeln und es brannte wieder.« Er erlebt am eigenen Leibe, was gerade Menschen in helfenden Berufen gefährdet: die Überschätzung der eigenen Belastbarkeit, bis nichts mehr geht. Nach dem Einsatz im Flüchtlingscamp, der in einem Burnout endet, weiß er endlich: »Ich muss besser auf mich aufpassen.«

Heute hat er sein Leben so sortiert, dass er Notfalleinsätze dosiert und sein Wissen über Trauerverarbeitung und Schockzustände in der Polizeiakademie weitergibt. Er hat zwei Bücher geschrieben, in denen er seine Arbeit und in fiktionaler Form auch seine eigene Geschichte beschreibt (»Krisenfest« und »Diffuses Licht«). Er kümmert sich viel um seinen Enkel Emil. Er kann damit umgehen, dass die Bilder aus seinen Notfalleinsätzen sich durch winzige Impulse zu Befürchtungen verdichten. »Wenn ich längere Zeit von meinem Sohn nichts höre, habe ich sofort die schlimmste aller Möglichkeiten vor dem inneren Auge.« Er weiß aber auch, dass nichts so bleibt, wie es ist, dass selbst schwere Schläge vernarben.

In seinem Buch »Krisenfest« beschreibt Meyer-Sievers einen imaginären Rucksack, in dem er Merksätze gesammelt hat, sozusagen Kletterhilfen für die Passagen zwischen Talsohle und Gipfel.

An erster Stelle der Merksatz: »Reden ist Gold. Tausche dich über das aus, was dich oder andere belastet. Totgeschwiegene Belastungen sterben nie.«

Im letzten Merksatz seines Buches heißt es: »Auch Krisen brauchen Pausen, und du brauchst Pausen von der Krise. Stell Probleme und Sorgen zwischendurch mal in die Ecke und mache etwas ganz anderes: Auch in schwierigen Zeiten muss Raum für Freude und Humor sein.«

Meyer-Sievers möchte noch von einem Fall erzählen, wo er auf ganz praktische Weise helfen durfte. Es ging um den Einsatz nach einem schweren Brand in einem Einfamilienhaus. Der Vater unterwegs auf Dienstreise und zunächst nicht zu erreichen, die Mutter aufgelöst, die Kinder weinend. Meyer-Sievers kümmert sich zunächst darum, dass die Mutter und ihre Kinder bei Verwandten unterkommen können. Am Tag darauf geht er mit Sohn und Tochter los und ersetzt jene Spielsachen, die das Feuer vernichtet hat. Legos werden gekauft, Puppen, Spiele, kuschelige Teddybären mit hellen Schnauzen. Die Kinder sind glücklich, ein kleiner Teil ihrer Welt ist wieder heil. Wenn er davon erzählt, liegt ein Lächeln über seinem Gesicht. Floskeln würde er sich nie erlauben, schon von Berufs wegen nicht, aber manche dieser Sätze, die gern als Kalendersprüche abgetan werden, tragen viel Weisheit in sich. Alles wird gut? Nach einem Unglück wird zunächst einmal alles anders. Aber wenn es den Betroffenen gelingt, Schritt für Schritt weiterzugehen, lichtet sich das Dunkel, und neue Wege tun sich auf. Nicht grau oder bunt fühlt sich dann das Weiterleben an, sondern grau und bunt. Auch dieser Satz ist aus seinem Buch.

www.drk-harburg.hamburg

Sophie Rosentreter

Berührung ist das Zauberwort

Sie begann als Model und Moderatorin.
Heute bringt die Hamburgerin als Demenzaktivistin
Leichtigkeit in die Pflege

SWITCH Hier kann ich etwas bewegen
und mich selber reich beschenken

Es gibt Gegenstände, die man spontan anfassen möchte, weil sie neugierig machen. Dieser schwarze Muff da auf dem hellen Sofa – ein wolliger Handwärmer mit Eingriffen für die Hände und aufgenähten Knöpfen, die Augen darstellen könnten. Darf ich? Sophie Rosentreter nickt und drückt mir das kuschelige Teil in die Hand. Kaum fasse ich hinein, finden meine Finger einen offenen, beweglichen Quader aus Plastik. Außen der warme Stoff, innen der unvermutete Anreiz zum Greifen. Viel zu fühlen, viel zu entdecken für die Finger und den Kopf. Dieser Muff ist ihre Erfindung, eine von vielen, mit denen sie in die vermeintlich verschlossene Welt von Dementen vordringen will. Immer wieder wird sie in unserem Gespräch Hände erwähnen. Hände, die bis zum Schluss noch auf Berührung reagieren.

Sophie Rosentreter begann ihre berufliche Laufbahn als Model und Moderatorin. Mit 35 Jahren setzte sie unter dieses Leben einen Punkt und gründete ihre Onlinefirma »Ilses weite Welt« mit Angeboten für demenziell Erkrankte und deren Betreuer. Heute versteht sie sich als Demenzaktivistin. Wenn ein Fotograf die schmalgliedrige große Frau so wie früher für ein Foto inszenieren sollte, dann vielleicht mit einer Laterne in der Hand, mit der sie ins Dunkel leuchtet. Dorthin, wohin die meisten Menschen nicht hinzuschauen wagen. In allem, was sie in ihrem zweiten Leben bewegen will, geht es um Begegnung. Um Verbundenheit und Nähe. Um eine Hand, die hält.

Wir treffen uns in ihrer Wohnung, denn Heimbesuche und Schulungen, die es ermöglicht hätten, ihre Arbeit in der Praxis zu beobachten, sind coronabedingt auf Eis gelegt. Sophie Rosentreter trägt einen grob gestrickten Pullover zur legeren Jeans, das Haar fällt locker über die Schultern. Vor der Haustür stehen Kinderschuhe, die gehören der sechsjährigen Tochter aus der Verbindung mit dem Sänger und Songwriter Ingo Pohlmann. Eine neue Liebe hat sie im vergangenen Jahr nach Wellingsbüttel geführt, ihre Intuition leitet sie überhaupt, seit sie von der Welt des Showbusiness Abschied nahm, Kurs auf ein anderes Leben.

Wer mit Sophie Rosentreter spricht, erlebt eine Stärke und Entschiedenheit, die man sonst eher bei Menschen findet, die einem tiefen Glauben folgen. Sie glaubt daran, dass jeder Mensch berührbar ist, wenn ein anderer nur den Zugang findet. Auch ein »demenziell veränderter« Mensch, wie sie ihre Klientel nennt. Also einer, der tief in sich versunken scheint, der seine Sprache verloren hat, der scheinbar auf nichts mehr reagiert.

Der Wechsel im Leben der 44-Jährigen ist eine Kehrtwende, wie sie einschneidender kaum denkbar ist. Früher reiste sie durch die Glitzerwelt der Unterhaltungsindustrie, heute ist sie Dozentin in Heimen und auf Demenzstationen. Orte, um die die meisten Menschen einen Bogen machen, manchmal selbst die Angehörigen oder ehemalige Freunde. Zu traurig ist das, was der Besucher oft hinter diesen Türen erlebt. Erschreckend auch. Wird man selber einmal so enden? Verwaltet und verwahrt, mit leerem Blick auf einen flimmernden Fernseher starrend?

1,7 Millionen Menschen in Deutschland leiden an Demenz, jener unheimlichen Krankheit, die das eigene Leben und das der Angehörigen aus der Bahn wirft. Die Zahl wird weiter steigen, solange auch die Lebenserwartung steigt. Etwa 70 Prozent dieser Kranken, erläutert Rosentreter, werden von Angehörigen gepflegt, und nur ein Drittel dieser Pflegenden nimmt selbst Hilfe in Anspruch. Wenn Sophie Rosentreter das Leid der Angehörigen beschreibt, bekommt ihre Stimme unversehens die Tonlage einer Missionarin, die ihre Botschaft nicht zum ersten Mal verbreitet: »Es ist so wichtig, dass Angehörige Hilfe in Anspruch nehmen. Hilfe anzunehmen ist ein Zeichen von Stärke, nicht von Schwäche!«

Lachend durch die Straßen von New York

Bei Youtube ist das Demo-Band der Moderatorin Rosentreter immer noch abrufbar. Der kurze Zusammenschnitt zeigt eine junge Frau, die die Sängerin Anastacia trifft, die Modeschöpferin Victoria Beckham umarmt, den Schauspieler Jürgen Vogel in der Sauna interviewt und mit ausgebreiteten Armen durch die Straßen von New York läuft – ein strahlendes, unbekümmertes Girlie, das die Erwartungen der Unterhaltungsindustrie perfekt bedient. Gerade mal 16 Jahre alt ist sie, als sie sich in einer Show von Thomas Gottschalk für einen Model-Wettbewerb bewirbt und unter Hunderten von Bewerberinnen unter die letzten sechs kommt. Siegerin wird seinerzeit Heidi Klum. Der Weg führt steil nach oben. Sophie Rosentreter posiert für Katalogmode, gibt die Außenreporterin der RTL-Show »Big Brother«, interviewt internationale Stars. Später wechselt sie hinter die Kulissen und produziert als Redakteurin Filme für »Stern TV«, die Unterhaltungsmagazine »Leute heute«, »Brisant« und »Explosiv«. Vermisst sie dieses bunte Leben gelegentlich? »Manchmal gucke ich mir das noch an, aber nein, das ist wie ein schöner Sommerregen, der erfrischt, aber nicht nachhallt.«

Die Wende bahnt sich an, als die geliebte Großmutter Ilse »tüdelig« wird, wie man in Hamburg sagt. Wenn Sophie Rosentreter von ihrer Familie erzählt, öffnet sich eine Welt voller Wärme. »Mutter und Großmutter haben mich so erzogen, dass Liebe eine der Säulen ist, auf denen man steht.« Mit ihren Eltern wohnt sie in einer Parterrewohnung in Hamburg-Eppendorf, die Großmutter lebt ein Stockwerk höher. Auf einem Familienfoto lächelt die alte Dame mit perfekt frisiertem Haar neben der Tochter und der noch kleinen Enkelin. Großmutter Ilse kocht regelmäßig für die Familie, nach dem Mittagessen kuscheln sich die drei Frauen aus drei Generationen auf Omis schmalem Gästebett zum Mittagsschlaf zusammen. Dann die ersten Aussetzer, die wohl jeder kennt, der einen Demenzkranken begleitet. Ilse verlegt wieder und wieder ihre Wohnungsschlüssel, Tochter und Enkelin helfen der Erinnerung zunächst noch geduldig auf die Sprünge. Die Großmutter klingelt nachts an der Wohnungstür, weil sie die Tageszeit vergessen hat. Sie vernachlässigt den Haushalt und sich selbst. Dann die Diagnose: Ilse hat Demenz. Und die beiden Frauen in der Parterrewohnung reagieren wie so viele Angehörige: Das schaffen wir schon, das kriegen wir hin. Sie korrigieren, wenn Ilse Namen und Orte verwechselt und die Vergangenheit für die Gegenwart hält. Sie schließen die Tür ab, wenn die Großmutter nachts verwirrt klingelt und klopft. Sie sind gekränkt, wenn Ilse behauptet, jemand von der Familie hätte ihr Portemonnaie gestohlen. Sie wissen so wenig. Sie wissen es nicht besser.

Es gibt mittlerweile viele Bücher über die Begleitung eines demenziell veränderten Angehörigen. Der Autor Tilmann Jens schreibt in seinem Buch »Demenz – Abschied von meinem Vater« über den Tübinger Rhetorikprofessor Walter Jens, der nachts orientierungslos durchs Haus geistert, der nichts mehr gemein hat mit dem Mann, der zu den geachteten Intellektuellen dieser Republik gehörte und Studierende mit seinen Vorträgen faszinierte. »Der Alltag mit Demenz, der Verfall eines Ichs lässt sich nicht freundlich verklären«, schreibt der Sohn. Und doch gibt es Inseln, auf denen sich die Kranken und die Gesunden immer noch begegnen können. Die NDR-Moderatorin Bettina Tietjen schildert in ihrem Buch »Unter Tränen gelacht«, wie sie alle Konventionen über Bord wirft und mit ihrem Vater laut singend durch eine Fußgängerzone zieht. Volkslieder waren dem alten Mann bis zuletzt eine Freude. Der Autor Arno Geiger findet für die veränderte Welt des kranken Vaters den poetischen Titel »Der alte König in seinem Exil«. Exil ist etwas anderes als Verbannung, ein Mensch im Exil ist erreichbar für jene, die den passenden Zugang finden.

Auch Sophie Rosentreter hat ein Buch geschrieben (»Wir lieben dich, auch wenn du uns vergisst«), eine Bestandsaufnahme des Krankheitsbildes, aber auch ein Wegweiser zu all den hilfreichen Initiativen, die sich entwickelt haben, die »Generationsbrücke Deutschland«, »Konfetti im Kopf« – allein, es sind immer noch zu wenige. Sie schreibt: »In den ersten Jahren der Krankheit meiner Großmutter rasten wir durch eine Achterbahn der Gefühle. In der einen Kurve brausten wir mit Hochgeschwindigkeit durch die Wut, im Looping drehten wir uns mal um die Freude, um im nächsten Moment von der Trauer ausgebremst zu werden. Die wohl schwierigsten Situationen waren die, wenn wir in unserer Wut und Verzweiflung gefangen waren.«

Es gibt viele Vermutungen, weshalb der eine Mensch erkrankt, der andere nicht. Und viele Ratschläge, was Demenz und seiner Erscheinungsform Alzheimer vorbeugen könnte: Gesunde Ernährung ist wichtig, Bewegung, soziale Kontakte. Tanzen ist hilfreich, Singen ist gut. In den 90er Jahren wurden für eine wissenschaftliche Studie über Jahre hinweg Nonnen begleitet, die eingewilligt hatten, ihr Gehirn nach ihrem Ableben sezieren zu lassen. Unter ihnen die Nonne Anna, die kurz nach ihrem 100. Geburtstag starb, nachdem sie vorher noch einen Chor geleitet und im Garten gearbeitet hatte. Die Untersuchung des Gehirns ergab Alzheimer im Endstadium. Eigentlich hätte Anna weder sprechen noch laufen können. Die Erkenntnis der Wissenschaftler: Damit sich das Hirn selbst heilen kann, braucht es Kohärenz, also die Fähigkeit, Zusammenhänge herzustellen, einzuordnen und zu bewältigen. In diesem Fall: Ich verstehe die Welt, in der ich lebe, ich kann mein Umfeld gestalten, das, was ich mache, ist sinnvoll. Fest verankert im Glauben, geborgen in einer Gemeinschaft, mit sinnvollen Aufgaben beschäftigt, lässt es sich demnach gut und lange leben.

Wir wechseln ins Büro mit Blick in einen weitläufigen Garten. Auf dem Balkon ein steinerner Engel, eine Erinnerung an ihre Mutter, die die Großmutter nur um zwei Jahre überlebte. Neben dem Computer ein Briefbeschwerer in Form einer gläsernen Kugel, ein Talisman aus Kindertagen. Wieder so ein Gegenstand, den man unbedingt in die Hand nehmen und drehen möchte, der Sonne entgegen. Sophie Rosentreter lacht und hält die Kugel spielerisch vor ihr Gesicht, wie ein Astronom, der in ein fernes Universum guckt. Genauso fühlte sie sich, wenn sie als Kind durch diese schimmernde Glaskugel blickte: »Ich habe in die Lichtreflexe geschaut und mir eine bunte Welt ausgemalt.« Die Welt, in die die Enkelin ihre Großmutter begleitet, ist nicht bunt, die ist grau.

Sieben Jahre pflegen sie und ihre Mutter gemeinsam, dann sind beide Frauen am Ende ihrer Kraft. Die letzten zwei Jahre ihres Lebens verbringt Ilse in einem Heim, wo sie 2009 stirbt. Die Enkelin ist in der letzten Nacht bei ihr, hält ihre Hand, flüstert ihr zu: »Omi, du darfst jetzt loslassen. Geh dahin, wo

das Licht leuchtet, geh darauf zu.« Aber die Großmutter stirbt erst, als Sophie am Morgen kurz das Zimmer verlässt. Pflegende und Hospizmitarbeiter kennen das Phänomen: Oft kommt der Tod in dem Moment, wenn die Angehörigen den Raum verlassen haben. Noch am Tag der Beerdigung fasst die Enkelin einen Entschluss: Sie will aufklären über die Krankheit. Sie will andere vorbereiten auf diese Welt, an der sie und ihre Mutter so oft verzweifelt sind. Sie will ein Licht im Dunkeln sein. Für die Erkrankten, aber auch für die Angehörigen.

Demenz ist ein großes Meer, und wir sind der Halt

2010 gründet sie ihr Unternehmen »Ilses weite Welt«, eine Onlineplattform, auf der sie selbst produzierte Filme vertreibt, Beschäftigungsmaterialien wie eben jenen Muff, Bücher, in denen einfache, anschauliche Geschichten erzählt werden. Warum der Titel »weite Welt«, wo die Welt eines Erkrankten doch immer eingeschränkter wird? »Wir leben in einer verkopften Gesellschaft, in der alles nur über den Verstand geht. Aber die Welt der Gefühle bleibt auch in der Krankheit erhalten und ist groß und weit. Demenz ist ein großes Meer, und da gilt es, die kleinen Inseln zu finden. Wir, die wir begleiten, können diese Inseln so gestalten, dass da Palmen wachsen und eine Hängematte hängt – oder dass es gruselig ist. Wir sind der Halt.«

Die Filme, die die ehemalige Reporterin Rosentreter für ihre Firma produziert, sind speziell auf demenziell Veränderte zugeschnitten. Sie zeigen blühende Gärten, Musizierende, Kinder und Tiere, verharren lange bei einem Motiv, entführen in eine freundliche, überschaubare Welt, in der Erinnerungen aufblitzen können. Einer der Filme zeigt einen Haushalt, wie er in den 50er Jahren wohl aussah. Eine adrett gekleidete Frau mit Schürze werkelt in der Küche, saugt ausgiebig Staub, schlendert über den Markt und wiegt Früchte lange in der Hand, um ihrer Familie schließlich am Küchentisch Pfannkuchen zu servieren. »Sich regen bringt … ?«, fragt sie lächelnd in die Kamera, und die Zuschauer vor dem Bildschirm könnten jetzt den Satz vollenden: »Sich regen bringt Segen!« Es ist keine Szene aus heutiger Zeit, aber es holt die Älteren in jener Wirklichkeit ab, die sie selbst erlebt haben.

Um die Welt der Kranken besser zu verstehen, hat Sophie Rosentreter viele Seminare besucht, Untersuchungen studiert und Bücher gelesen. Seit einiger Zeit vertreibt sie auf ihrer Plattform auch DVDs, auf der Prominente wie Bettina Tietjen und die Schauspielerin Annette Frier Märchen vorlesen. Auch so eine Erkenntnis: »Menschen mit Demenz erinnern

oft noch die Zeitspanne, in der sie ein Kind oder ein junger Erwachsener waren.« Daran können die vertrauten, alten Geschichten anknüpfen. Außerdem leben Märchen von Ritualen, die für demenziell Veränderte wichtig sind. Alle beginnen mit den Worten »Es war einmal«. Alle gehen gut aus.

Die Demenzaktivistin Rosentreter, attraktiv und mit der Mission eines guten Miteinanders unterwegs, ist ein gefragter Gast in vielen Talkshows. Bei dem ZDF-Gastgeber Markus Lanz sitzt sie vor einigen Jahren in einer Runde neben dem Rapper Bushido, der die Entstehungsgeschichte von »Ilses weite Welt« zusehends ungeduldig verfolgt und sie irgendwann brüsk unterbricht: Niemals würde er seine Mutter oder Großmutter in ein Heim geben! Eine vorwurfsvolle Haltung, die Sophie Rosentreter öfter erlebt. Seinerzeit bleibt sie gelassen, auch jetzt noch, als ich sie auf diese Szene anspreche.

»Das Unverständnis war wohl auch seinem Kulturraum geschuldet, wo alte Menschen einen anderen Stellenwert haben als bei uns«, sagt sie und fügt dann an: »Er hat ja keine Ahnung.«

Keine Ahnung, was es bedeutet, keinen Schlaf mehr zu finden, weil die Erkrankten den Rhythmus zwischen Tag und Nacht längst vergessen haben. Was es heißt, Windeln zu wechseln und einen oftmals widerstrebenden Erwachsenen zu waschen. Wie viel Kraft es kostet, die Aggressionen auszuhalten, den vermeintlichen Undank, die Unterstellungen, die auch Sophie Rosentreter erlebte. Viele Angehörige schämen sich für Vater, Mutter, Partner oder Partnerin, die sich auffällig benehmen, viele ziehen sich zurück. Das Exil, in dem es einsam und isoliert zugeht – wie oft sind nicht nur die Kranken dort gefangen, sondern auch die pflegenden Angehörigen. Tilman Jens schreibt über seinen Vater: »Walter Jens, der unbequeme Denker aus Tübingen, der Redner der Republik, als stammelndes Menschenkind mit dem Babyphon am Bett, da hüllt man sich lieber in Schweigen, als ob dieses letzte Kapitel eines langen, reichen und wortreich geführten Lebens ehrenrührig wäre, eine Schande, die es unter den Teppich zu kehren gilt.«

Nur zwei Jahre nach dem Tod der Großmutter verliert Sophie Rosentreter auch ihre Mutter Katrin, die einem Krebsleiden erliegt. Gerade mal ein halbes Jahr dauert es von der Diagnose bis zum Tod. »Sie hat für ihre Mutter alles gegeben, ohne selbst Hilfe anzunehmen. Es gibt Erkenntnisse, dass diese aufopferungsvollen Menschen dann selbst schnell zum Pflegefall werden, und so war es auch bei ihr. Ich bin mir sicher, dass wir uns zu wenig Unterstützung geholt haben und sie mit der Pflege ihrer Mutter überfordert war.«

Seit dem viel zu frühen Tod der Mutter ist die Tochter mit noch mehr Motivation unterwegs: Sie will nicht nur Brücken bauen in die Welt der Dementen, unbedingt möchte sie die Angehörigen auch ermutigen, sich Hilfe zu holen. Das Thema Demenz soll von allen Seiten beleuchtet werden, denn was im Licht liegt, ist gleich mal weniger angstbesetzt. »Pflegeleicht« heißt folgerichtig ihre Informationsreihe, die sie zusammen mit der Krankenkasse DAK betreibt. Dass die Kamera ihr Freund ist, merkt man bei jedem Auftritt: Eine strahlende Frau wandert über eine grüne Wiese und erläutert ihr Konzept, wie Pflege erleichtert werden kann. Sie interviewt Fachleute, die eine App entwickelt haben, die kontrollieren kann, ob der Kranke genügend getrunken hat. Sie befragt eine Trauerbegleiterin. Sie repräsentiert jene beherzte Zuversicht, die sie selbst lebt.

Lebenskunde als Schulfach

In den vergangenen Jahren hat sie an die 300 Vorträge gehalten, vor Angehörigen, vor Pflegenden, aber auch vor Vertretern der Hauswirtschaft, denn auch da gilt es, Verständnis zu wecken. Sie macht vor, wie eine Pflegekraft sich flugs in eine entfernte Ecke des Heimes zurückzieht, kaum dass ein Angehöriger auftaucht. »Meistens meckern die ja nur. Haben wir auch gemacht.« Sie versucht, den Helfern die Augen zu öffnen, was die Partner und die Kinder von Erkrankten wirklich umtreibt: »Da ist viel Scham, da sind Schuldgefühle.« Wer erst mal weiß, warum so viel kritisiert wird, kann großzügiger damit umgehen. »So eröffne ich den professionell Pflegenden neue Blickwinkel, die dann hoffentlich zu dem

Schluss führen: ›Ach ja, jetzt verstehen wir. Und genau genommen sind wir ja die Klügeren.‹«

Es gibt Filmbeispiele, in denen Rosentreter neben einer demenziell Erkrankten sitzt und ihre Hand hält. Beider Augen begegnen sich mit einem Lächeln. »Das sind Mikromomente der Verbundenheit, die nachhallen«, sagt sie. Andere Szenen zeigen, wie sie mit einem alten Mann das Volkslied »Hoch auf dem gelben Wagen!« singt. Heute noch strahlt sie: »Er konnte nicht mehr sprechen, aber die Melodie und die Texte waren noch da!«

Wenn die Demenzaktivistin Rosentreter ein Heim besucht, um einen Vortrag zu halten, versucht sie zunächst, sich diskret ein Bild zu machen. »Ich sage, ich bin dann mal kurz weg, und sehe mich um.« Einmal trifft sie bei so einem Besuch in einem abgedunkelten Esssaal auf zwei Betten mit Bewohnern. Die Patienten werden über eine Kanüle versorgt, sie atmen, aber nehmen sie überhaupt noch etwas wahr? Sophie Rosentreter nimmt die Hand eines Mannes und streichelt sie. Aus der Tiefe des Vergessens trifft sie ein Blick. Ein Lächeln. Für Sekunden nur, aber das trägt sie mit sich. Berührung ist das Zauberwort, das ihr zweites Leben prägt. »Hier kann ich etwas bewegen und mich selbst damit reich beschenken.«

Neben ihrer Firma, neben der Arbeit für die DAK gibt sie ehrenamtlich Workshops, immer öfter auch für Jugendliche. Kürzlich war sie zusammen mit einem Bestatter in einer Schulklasse und hat über Tod und Sterben gesprochen. Was spricht dagegen, auch den Abschied zu einem Fest zu gestalten? Särge bunt anzumalen, in ein Waldstück zu gehen, zu feiern? »Die saßen mucksmäuschenstill und haben danach viele Fragen gestellt.« Ginge es nach ihr, würden die Schulen das Fach »Lebenskunde« aufnehmen, in dem auch über die Übergänge des Lebens gesprochen wird.

Wenn sie durch ihre schimmernde Glaskugel sieht, dann erscheinen ihr Heime mit weitläufigen Gärten. Vögel dürften in großzügigen Volieren zwitschern, und Hunde würden regelmäßig zum Streicheln vorbeigeführt. Heime, in denen die Bewohner bis zum Schluss als jene Persönlichkeiten respektiert werden, die sie doch immer noch sind. Sie, Sophie Rosentreter, würde sich für Außenstehende immer so beschreiben: »Ich bin die Hamburgerin, die gern Hunde mag, die ihre Tochter so liebt, die gern malt und tanzt, die auf gar keinen Fall im Haushalt mithelfen möchte, weil, das ist gar nicht meine Stärke. Aber ich bin gern im Garten und unterstütze da. Ich möchte einmal in der Woche einen Schnaps trinken und eine Zigarette rauchen und Karten spielen. Ich möchte auf gar keinen Fall mit Raucherhänden angefasst werden!«

Noch ist ihre Vision weit von der Wirklichkeit entfernt. »Ich habe Hunderte von Heimen besucht, nur in sehr wenigen würde ich selbst liegen wollen.«

Wenn sie sich etwas wünschen könnte, dann sieht sie sich für eine Fernsehserie durch die Welt reisen, auf der Suche nach Vorbildern für den Umgang mit Dementen: »In Japan gibt es zum Beispiel ein Restaurant, da werden die Gäste von demenziell Veränderten bedient. Jeder Gast kann sicher sein, dass er garantiert nicht das bekommt, was er bestellt hat!« Noch hat kein Fernsehsender angebissen, noch nicht, aber Sophie Rosentreter gibt nicht auf. Sie selbst will fröhlich alt werden, am liebsten mit ihrer Freundin Kathrin auf einem Bauernhof leben, umgeben von Tieren und Blumen, mit einer Staffelei in der Scheune und selbst gesammelten Kräutern in der Küche.

Wie sie so dasitzt, diese Frau, die die unbeschwerte Seite des Lebens kennt und sich in ihrem Engagement ganz bewusst für die andere entschieden hat, strahlt sie eine große Zuversicht aus. Niemand soll sich davor fürchten, alt zu werden, wie auch immer dieser Weg verlaufen wird. »Es gibt Völker, die sagen, mit einem Fuß sei man dann schon bei den Göttern. Wenn man das so sieht, kann das Alter eine Magie in sich tragen.«

Nachwort

Wer ein Buch geschrieben hat, setzt einen Punkt, atmet tief durch und lehnt sich zurück. Fertig. Projekt beendet. Diesmal ist es anders, hier bleiben die Geschichten offen und werden vom Leben fortgeschrieben. Welche Entwicklung wird weiterführen, welche womöglich im Sande verlaufen?

Ein erstes Resümee: Wer seiner Berufung folgt, muss gleich auch den Mut mitbringen, Neuland zu erobern. Ausruhen gilt nicht. Wenn man so will, sind viele meiner Protagonisten soziale Unternehmer ohne jede staatliche Unterstützung. Auf ihrem ureigenen Weg stoßen sie oft genug in Bereiche vor, die von Gesellschaft und Politik bisher übersehen wurden. Eine Aktivistin wie Dagmar Hirche etwa prägt mit ihren zahlreichen Initiativen das längst überholte Klischee vom einsamen Altwerden neu. »Alter soll Freude sein!« Anderen gelingt es, in die vermeintlich verschlossene Welt von demenziell Veränderten vorzudringen wie Clownin Susanne Bötel, die in Corona-Zeiten angefangen hat, Videos über ihre Arbeit zu drehen und die ein Bühnenprogramm vorbereitet, das auch demenziell Veränderte unterhalten soll. Wieder andere hieven ihr Anliegen auf die politische Bühne wie die Bildhauerin und Zeitzeugin Gabriele von Lutzau, die zusammen mit Politikern und ehemaligen Geiseln einen Erinnerungsort für die »Landshut« schaffen will, eingebunden in ein Museum des Deutschen Herbstes. Ende November startete von

Lutzau eine Onlinepetition, die Chancen für ein Museum in Friedrichshafen am Bodensee stehen nicht schlecht.

Was alle Protagonisten verbindet: Sie wirken in einem Umfeld, das sie sich selbst gesucht oder sogar selbst geschaffen haben. Sie können zusehen, wie die Samen, die sie setzen, aufgehen und Früchte tragen. Sie kreisen nie ausschließlich um sich selbst, sondern setzen ihren Ton in die Welt und horchen auf Widerhall. Im glücklichsten Falle gewinnen sie begeisterte Mitstreiter und Gleichgesinnte, eine eigene Community. Dass Anerkennung zusätzlich motiviert, ist eine Begleiterscheinung auf neuen Wegen.

Monate nach meinem ersten Besuch frage ich bei Jan Marquardt nach, der seine Erfahrung als Manager heute für Obdachlose einsetzt. Sein Switch liegt noch nicht lange zurück, die Diskrepanz zwischen dem Leben eines Topmanagers und dem Leiter einer Sozialstation auf St. Pauli scheint mir am krassesten zu sein. Die Antwort kommt prompt: Marquardt hält seinen Kurs. Mehr noch: Er füllt seine soziale Arche mit Zuversicht und neuen Perspektiven. Sechs Wohnungen wurden mittlerweile angemietet, vor allem obdachlose Frauen sollen dort Schutz finden. Eine eigens angestellte Sozialarbeiterin wird sie betreuen. Ich stelle mir vor, wie er die Wohnungstüren aufschließt, wie seine Schützlinge zögernd über die Schwelle treten. Typisch für ihn, dass er diese besonderen Momente in bescheidene Worte kleidet: »Hier und da ist die eine oder andere Träne geflossen.« Die Wohnungen sollen ein Sprungbrett in ein eigenes Leben sein. Im »CaFée mit Herz« kann man es förmlich mit Händen greifen, das Glück der Selbstwirksamkeit und Resonanz.

Im trüben Dezember des Corona-Jahres 2020 spaziere ich noch einmal durch die Gassen von Lauenburg an der Elbe, luge durch die verrammelte Tür des kleinen Fachwerkhäuschens, das Lehmbauerin Renata Wendt seit Jahrzehnten zu ihrem Altersruhesitz umbaut. Durch die offenen Fensterhöhlen pfeift der Wind. Ob die 76-Jährige jemals hier einziehen wird? Sehr unnötige Frage, die Antwort hat sie sich ja längst passend zurechtgelegt: »Ich bin die Alte, die nie fertig wird.« Könnte gut sein, als habe die ewige Baumeisterin damit ein Rezept für ein erfülltes Leben und gleich auch ein Schlusswort für dieses Buch gefunden. Höre nie auf, anzufangen. Und fange nie an, aufzuhören. Finde deine Spur. Punktum.

Angela Meyer-Barg reiste 25 Jahre lang als Chefreporterin eines großen Hamburger Verlages durch die Welt, porträtierte Prominente wie Meryl Streep, Angela Merkel oder den Verhüllungskünstler Christo. Sie bereiste Sri Lanka nach dem Tsunami, kletterte für Reportagen auf den Kilimandscharo, beobachtete Wale vor Mexiko, besuchte eine Clownschule und bewarb sich als Senior-Model. Ihr journalistischer Schwerpunkt lag in der kritischen Medienbeobachtung. Mehrere Jahre lang suchte sie als Jurymitglied des renommierten Fernsehpreises »Die Goldene Kamera« nach den Perlen des jeweiligen Fernsehjahres. Als freie Journalistin trifft sie am liebsten Menschen, die etwas bewegen.

Fotonachweis

Michael Hagedorn 30, 33, 36, 39, 40
Britta Kunft 14, 15
Gabriele von Lutzau 19
Jannik Pape 97
Pascal Schröder 98

Dennis Williamson 12, 27, 28, 44, 48, 51, 55, 56, 61, 63, 66, 71, 74, 80, 86, 90, 93, 102, 106, 110, 112, 117, 118, 122, 125, 126, 136, 141, 143, 146, 149, 152, 158, 161, 164, 166, 169, 177, 180, 187, 189, 190, 199